SENDEROS 2

Spanish for a Connected World

TEACHER'S EDITION

Practice Workbook

VISTA®
HIGHER LEARNING

Student Text ISBN: 978-1-68005-274-9

Teacher's Edition ISBN: 978-1-68005-277-0

2 3 4 5 6 7 8 9 BB 22 21 20 19 18

Table of Contents

Contextos

Lección 1

1 **Las rutinas** Complete each sentence with a word from **Contextos**.

1. Susana se lava el pelo con _____champú_____.

2. La ducha y el lavabo están en el _____baño/cuarto de baño_____.

3. Manuel se lava las manos con _____jabón_____.

4. Después de lavarse las manos, usa la _____toalla_____.

5. Luis tiene un _____despertador_____ para levantarse temprano.

6. Elena usa el _____espejo/maquillaje_____ para maquillarse.

2 **¿En el baño o en la habitación?** Write **en el baño** or **en la habitación** to indicate where each activity takes place.

1. bañarse _____en el baño_____

2. levantarse _____en la habitación_____

3. ducharse _____en el baño_____

4. lavarse la cara _____en el baño_____

5. acostarse _____en la habitación_____

6. afeitarse _____en el baño_____

7. cepillarse los dientes _____en el baño_____

8. dormirse _____en la habitación_____

3 **Ángel y Lupita** Look at the drawings, and choose the appropriate phrase to describe what Ángel and Lupita are doing. Use complete sentences.

afeitarse por la mañana   cepillarse los dientes después de comer
bañarse por la tarde   ducharse antes de salir

1. _____Lupita se cepilla los dientes después de comer._____

2. _____Ángel se afeita por la mañana._____

Lección 1

3. _____
Lupe se baña por la tarde.

4. _____
Ángel se ducha antes de salir.

_____

4   **La palabra diferente** Fill in each blank with the word that doesn't belong in each group.

1. luego, después, más tarde, entonces, antes _____ antes _____

2. maquillarse, cepillarse el pelo, despertarse, peinarse, afeitarse _____ despertarse _____

3. bailar, despertarse, acostarse, levantarse, dormirse _____ bailar _____

4. champú, despertador, jabón, maquillaje, crema de afeitar _____ despertador _____

5. entonces, bañarse, lavarse las manos, cepillarse los dientes, ducharse _____ entonces _____

6. pelo, vestirse, dientes, manos, cara _____ vestirse _____

5   **La rutina de Silvia** Rewrite this paragraph, selecting the correct sequencing words from the parentheses.

(Por la mañana, Durante el día) Silvia se prepara para salir. (Primero, Antes de), se levanta y se ducha. (Después, Antes) de ducharse, se viste. (Entonces, Durante) se maquilla. (Primero, Antes) de salir, come algo y bebe un café. (Durante, Por último), se peina y se pone una chaqueta. (Durante el día, Antes de) Silvia no tiene tiempo de volver a su casa. (Más tarde, Antes de), come algo en la cafetería y estudia en la biblioteca. (Por la tarde, Por último), Silvia trabaja en el centro comercial. (Por la noche, Primero) llega a su casa y está cansada. (Más tarde, Después), su madre le prepara algo de comer y Silvia mira la televisión un rato. (Antes de, Después de) acostarse a dormir, siempre estudia un rato.

Por la mañana Silvia se prepara para salir. Primero, se levanta y se ducha. Después de ducharse, se viste. Entonces se maquilla. Antes de salir, come algo y bebe un café. Por último, se peina y se pone una chaqueta. Durante el día, Silvia no tiene tiempo de volver a su casa. Más tarde, come algo en la cafetería y estudia en la biblioteca. Por la tarde, Silvia trabaja en el centro comercial. Por la noche llega a su casa y está cansada. Más tarde, su madre le prepara algo de comer y Silvia mira la televisión un rato. Antes de acostarse a dormir, siempre estudia un rato.

_____

_____

_____

_____

_____

6 **Describir** For each drawing, you will hear two statements. Choose the one that corresponds to the drawing.

1. a.　　　　　 b.

2. a.　　　　　 b.

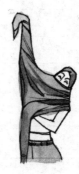

3. (a.)　　　　　b.

4. (a.)　　　　　b.

7 **Preguntas** Clara is going to baby-sit your nephew. Answer her questions about your nephew's daily routine using the cues. Repeat the correct response after the speaker.

> **modelo**
>
> *You hear:* ¿A qué hora va a la escuela?
> *You see:* 8:30 a.m.
> *You say:* Va a la escuela a las ocho y media de la mañana.

1. 7:00 a.m.

2. se lava la cara

3. por la noche

4. champú para niños

5. 9:00 p.m.

6. después de comer

8 **Entrevista** Listen to this interview. Then read the statements and decide whether they are **cierto** or **falso**.

	Cierto	Falso
1. Sergio Santos es jugador de fútbol.	○	⊘
2. Sergio se levanta a las 5:00 a.m.	○	⊘
3. Sergio se ducha por la mañana y por la noche.	⊘	○
4. Sergio se acuesta a las 11:00 p.m.	⊘	○

Nombre _____ Fecha _____

Lección 1

¡Necesito arreglarme!

Antes de ver el video

1 **En el baño** In this episode, Marissa, Felipe, and Jimena want to get ready at the same time. What do you think they might say? Answers will vary.

_____
_____
_____
_____
_____
_____
_____
_____
_____

Mientras ves el video

2 **¿Marissa o Felipe?** Watch **¡Necesito arreglarme!** and put a check mark in a column to show whether the plans are Marissa's or Felipe's.

Actividad	Marissa	Felipe
1. ir al cine	✔	
2. afeitarse		✔
3. ir al café a molestar a su amigo	✔	
4. arreglarse el pelo	✔	
5. ir al café con Juan Carlos		✔

3 **El orden cronológico** Number the following events from one to six, in the order they occurred.

_6_ a. Jimena termina de maquillarse.

_3_ b. Todos quieren usar el espejo al mismo tiempo.

_1_ c. Marissa quiere entrar al baño y la puerta está cerrada.

_5_ d. Las chicas comparten el espejo.

_4_ e. Marissa busca una toalla.

_2_ f. Felipe entra al baño.

4 **Completar** Fill in the blanks.

1. **FELIPE** Cada vez que quiero usar el ___baño___, una de ustedes está aquí.
2. **JIMENA** Me estoy ___lavando___ la cara.
3. **MARISSA** ¡___Nadie___ debe estudiar los viernes!
4. **JIMENA** ¿Por qué no te ___afeitaste___ por la mañana?
5. **FELIPE** Siempre hay ___música___ en vivo.

Video Activities: Fotonovela

Después de ver el video

5 **Preguntas** Answer these questions in Spanish.

1. ¿Qué está haciendo Jimena cuando Marissa quiere entrar al baño?
   Jimena se está lavando la cara.

2. ¿Por qué Jimena quiere maquillarse primero?
   Jimena quiere maquillarse primero porque va a encontrarse con su amiga Elena en una hora.

3. ¿Por qué se quiere afeitar Felipe?
   Felipe se quiere afeitar porque va a ir con Juan Carlos a un café.

4. ¿Cómo es el café adonde van a ir Felipe y Juan Carlos?
   Es muy divertido. Siempre hay música en vivo y muchas chicas.

5. ¿Por qué Marissa quiere arreglarse?
   Marissa quiere arreglarse porque va a ir al cine con unas amigas.

6. ¿Cuándo fue la última vez que Jimena vio a Juan Carlos?
   Cuando fueron a Mérida.

6 **Preguntas personales** Answer these questions in Spanish. Answers will vary.

1. ¿A qué hora te levantas durante la semana? ¿Y los fines de semana?
   _____
   _____

2. ¿Te gusta más bañarte o ducharte? ¿Por qué?
   _____
   _____

3. ¿Cuántas veces por día (*How many times a day*) te cepillas los dientes?
   _____
   _____

4. ¿Te lavas el pelo todos los días (*every day*)? ¿Por qué?
   _____

5. ¿Cómo cambia tu rutina los días que vas a la escuela y los fines de semana?
   _____
   _____
   _____

7 **Escribir** Describe in Spanish what happened, from the point of view of Jimena, Marissa, or Felipe.
Answers will vary.
   _____
   _____
   _____
   _____
   _____
   _____

Pronunciación

The consonant r

In Spanish, **r** has a strong trilled sound at the beginning of a word. No English words have a trill, but English speakers often produce a trill when they imitate the sound of a motor.

| ropa | rutina | rico | **Ramón** |

In any other position, **r** has a weak sound similar to the English *tt* in *better* or the English *dd* in *ladder*. In contrast to English, the tongue touches the roof of the mouth behind the teeth.

| gustar | durante | primero | crema |

The letter combination **rr**, which only appears between vowels, always has a strong trilled sound.

| pizarra | corro | marrón | aburrido |

Between vowels, the difference between the strong trilled **rr** and the weak **r** is very important, as a mispronunciation could lead to confusion between two different words.

| caro | carro | pero | perro |

1 **Práctica** Repeat each word after the speaker to practice the **r** and the **rr**.

1. Perú	5. comprar	9. Arequipa
2. Rosa	6. favor	10. tarde
3. borrador	7. rubio	11. cerrar
4. madre	8. reloj	12. despertador

2 **Oraciones** When you hear the number, read the corresponding sentence aloud, focusing on the **r** and **rr** sounds. Then listen to the speaker and repeat the sentence.

1. Ramón Robles Ruiz es programador. Su esposa Rosaura es artista.
2. A Rosaura Robles le encanta regatear en el mercado.
3. Ramón nunca regatea… le aburre regatear.
4. Rosaura siempre compra cosas baratas.
5. Ramón no es rico, pero prefiere comprar cosas muy caras.
6. ¡El martes Ramón compró un carro nuevo!

3 **Refranes** Repeat each saying after the speaker to practice the **r** and the **rr**.

1. Perro que ladra no muerde.
2. No se ganó Zamora en una hora.

4 **Dictado** You will hear seven sentences. Each will be said twice. Listen carefully and write what you hear.

1. Ramiro y Roberta Torres son peruanos.
2. Ramiro es pelirrojo, gordo y muy trabajador.
3. Hoy él quiere jugar al golf y descansar, pero Roberta prefiere ir de compras.
4. Hay grandes rebajas y ella necesita un regalo para Ramiro.
5. ¿Debe comprarle una cartera marrón o un suéter rojo?
6. Por la tarde, Ramiro abre su regalo.
7. Es ropa interior.

Estructura

1.1 Reflexive verbs

1 Completar Complete each sentence with the correct present tense forms of the verb in parentheses.

1. Marcos y Gustavo _____se enojan_____ (enojarse) con Javier.

2. Mariela _____se siente_____ (sentirse) feliz.

3. (yo) _____Me acuesto_____ (acostarse) temprano porque tengo clase por la mañana.

4. Los jugadores _____se secan_____ (secarse) con toallas nuevas.

5. (tú) _____Te preocupas_____ (preocuparse) por tu novio porque siempre pierde las cosas.

6. Usted _____se lava_____ (lavarse) la cara con un jabón especial.

7. Mi mamá _____se pone_____ (ponerse) muy contenta cuando llego temprano a casa.

2 Lo hiciste Answer the questions affirmatively, using complete sentences.

1. ¿Te cepillaste los dientes después de comer?

   Sí, me cepillé los dientes después de comer.

2. ¿Se maquilla Julia antes de salir a bailar?

   Sí, Julia se maquilla antes de salir a bailar.

3. ¿Se duchan ustedes antes de nadar en la piscina?

   Sí, nos duchamos antes de nadar en la piscina.

4. ¿Se ponen sombreros los turistas cuando van a la playa?

   Sí, los turistas se ponen sombreros cuando van a la playa.

5. ¿Nos ponemos las pantuflas cuando llegamos a casa?

   Sí, se ponen/nos ponemos las pantuflas cuando llegan/llegamos a casa.

3 Terminar Complete each sentence with the correct reflexive verbs. You will use some verbs more than once.

acordarse	cepillarse	enojarse	maquillarse
acostarse	dormirse	levantarse	quedarse

1. Mi mamá _____se enoja_____ porque no queremos _____levantarnos/acostarnos/dormirnos_____ temprano.

2. La profesora _____se enoja_____ con nosotros cuando no _____nos acordamos_____ de los verbos.

3. Mi hermano _____se cepilla_____ los dientes cuando _____se levanta/se acuerda_____.

4. Mis amigas y yo _____nos quedamos_____ estudiando en la biblioteca por la noche y por la mañana yo _____me levanto_____ muy cansada.

5. Muchas noches _____me duermo/me quedo_____ delante del televisor, porque no quiero _____acostarme/levantarme_____.

4   **Escoger** Choose the correct verb from the parentheses, then fill in the blank with its correct form.

1. (lavar/lavarse)

Josefina _____ se lava _____ las manos en el lavabo.

Josefina _____ lava _____ la ropa de su amiga.

2. (peinar/peinarse)

(yo) _____ Peino _____ a mi hermana todas las mañanas.

(yo) _____ Me peino _____ en el baño, delante del espejo.

3. (poner/ponerse)

(nosotros) _____ Nos ponemos _____ nerviosos antes de un examen.

(nosotros) _____ Ponemos _____ la toalla al lado de la ducha.

4. (levantar/levantarse)

Los estudiantes _____ se levantan _____ muy temprano.

Los estudiantes _____ levantan _____ la mano y hacen preguntas.

5   **El incidente** Complete the paragraph with reflexive verbs from the word bank. Use each verb only once.

acordarse	enojarse	levantarse	preocuparse
afeitarse	irse	maquillarse	quedarse
despertarse	lavarse	ponerse	vestirse

Luis (1) _____ se levanta/se despierta _____ todos los días a las seis de la mañana. Luego entra en la ducha y (2) _____ se lava _____ el pelo con champú. Cuando sale de la ducha, usa la crema de afeitar para (3) _____ afeitarse _____ delante del espejo. Come algo con su familia y él y sus hermanos (4) _____ se quedan _____ hablando un rato.

Cuando sale tarde, Luis (5) _____ se preocupa _____ porque no quiere llegar tarde a la clase de español. Los estudiantes (6) _____ se ponen _____ nerviosos porque a veces (*sometimes*) tienen pruebas sorpresa en la clase.

Ayer por la mañana, Luis (7) _____ se enojó _____ con su hermana Marina porque ella (8) _____ se levantó/se despertó _____ tarde y pasó mucho tiempo en el cuarto de baño con la puerta cerrada.

—¿Cuándo sales, Marina? —le preguntó Luis.

—¡Tengo que (9) _____ maquillarme _____ porque voy a salir con mi novio y quiero estar bonita!

—dijo Marina.

—¡Tengo que (10) _____ irme _____ ya, Marina! ¿Cuándo terminas?

—Ahora salgo, Luis. Tengo que (11) _____ vestirme _____. Me voy a poner mi vestido favorito.

—Tienes que (12) _____ acordarte _____ de que viven muchas personas en esta casa, Marina.

6 **Seleccionar** For each drawing, you will hear two statements. Choose the one that corresponds to the drawing.

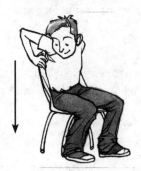

1. (a.)   b.   2. a.   (b.)

3. (a.)   b.   4. a.   (b.)

7 **Preguntas** Answer each question you hear in the affirmative. Repeat the correct response after the speaker. (*7 items*)

modelo
> ¿Se levantó temprano Rosa?
> Sí, Rosa se levantó temprano.

8

ESTUDIANTE 1

La familia ocupada Tú y tu compañero/a asisten a un programa de verano en Lima, Perú. Viven con la familia Ramos. Tienes la rutina incompleta que la familia sigue en las mañanas. Trabaja con tu compañero/a para completarla.

> **modelo**
>
> **Estudiante 1:** ¿Qué hace el señor Ramos a las seis y cuarto?
> **Estudiante 2:** El señor Ramos se levanta.

	El Sr. Ramos	La Sra. Ramos	Pepito y Pablo	Sara y nosotros/as
6:15		levantarse	dormir	
6:30	ducharse	peinarse		dormir
6:45			dormir	
7:00	despertar a Sara	maquillarse		
7:15			levantarse	peinarse
7:30	desayunar		bañarse	
7:45	lavar los platos			desayunar
8:00		irse con Pepito y Pablo		ir al campamento de verano (summer camp)
8:15	ir al trabajo		jugar con su primo	

8 ESTUDIANTE 2

La familia ocupada Tú y tu compañero/a asisten a un programa de verano en Lima, Perú. Viven con la familia Ramos. Tienes la rutina incompleta que la familia sigue en las mañanas. Trabaja con tu compañero/a para completarla.

> **modelo**
>
> **Estudiante 1:** ¿Qué hace el señor Ramos a las seis y cuarto?
> **Estudiante 2:** El señor Ramos se levanta.

	El Sr. Ramos	La Sra. Ramos	Pepito y Pablo	Sara y nosotros/as
6:15	levantarse			dormir
6:30			dormir	
6:45	afeitarse	ducharse		dormir
7:00			dormir	levantarse
7:15	preparar el café	despertar a Pepito y a Pablo		
7:30		bañar a Pepito y a Pablo		ducharse
7:45		desayunar	desayunar	
8:00	llevar a Sara y a nosotros/as al campamento de verano (summer camp)		irse con su mamá	
8:15		visitar a su hermana		nadar

Communication Activities

1.2 Indefinite and negative words

1 **Alguno o ninguno** Complete the sentences with indefinite and negative words from the word bank.

| alguien | algunas | ninguna |
| alguna | ningún | tampoco |

1. No tengo ganas de ir a _____ningún_____ lugar hoy.

2. ¿Tienes _____algunas_____ ideas para mejorar (*to improve*) la economía?

3. ¿Viene _____alguien_____ a la fiesta de mañana?

4. No voy a _____ningún_____ estadio nunca.

5. ¿Te gusta _____alguna_____ de estas corbatas?

6. Jorge, tú no eres el único. Yo _____tampoco_____ puedo ir de vacaciones.

2 **Estoy de mal humor** Your classmate Jaime is in a terrible mood. Complete his complaints with negative words.

1. No me gustan estas gafas. _____No_____ quiero comprar _____ninguna_____ de ellas.

2. Estoy muy cansado. _____No_____ quiero ir a _____ningún_____ restaurante.

3. No tengo hambre. _____No_____ quiero comer _____nada_____.

4. A mí no me gusta la playa. _____No_____ quiero ir a la playa _____nunca_____.

5. Soy muy tímido. _____No_____ hablo con _____nadie_____ _____nunca_____.

6. No me gusta el color rojo, _____ni_____ el color rosado _____tampoco_____.

3 **¡Amalia!** Your friend Amalia is chronically mistaken. Change her statements as necessary to correct her; each statement should be negative.

> **modelo**
> Buscaste algunos vestidos en la tienda.
> **No busqué ningún vestido en la tienda.**

1. Las dependientas venden algunas blusas.
   Las dependientas no venden ninguna blusa/ninguna.

2. Alguien va de compras al centro comercial.
   Nadie va de compras al centro comercial.

3. Siempre me cepillo los dientes antes de salir.
   Nunca te cepillas los dientes antes de salir.

4. Te voy a traer algún programa de computadora.
   No me vas a traer ningún programa de computadora/ninguno.

5. Mi hermano prepara algo de comer.
   Tu hermano no prepara nada de comer.

6. Quiero tomar algo en el café de la librería.
   No quieres tomar nada en el café de la librería.

4 **No, no es cierto** Now your friend Amalia realizes that she's usually wrong and is asking you for the correct information. Answer her questions negatively.

> **modelo**
> ¿Comes siempre en casa?
> No, nunca como en casa./No, no como en casa nunca.

1. ¿Tienes alguna falda?

No, no tengo ninguna falda/no tengo ninguna.

2. ¿Sales siempre los fines de semana?

No, nunca salgo los fines de semana/no salgo nunca los fines de semana.

3. ¿Quieres comer algo ahora?

No, no quiero comer nada (ahora).

4. ¿Le prestaste algunos discos de jazz a César?

No, no le presté ningún disco de jazz (a César)/no le presté ninguno (a César).

5. ¿Podemos ir a la playa o nadar en la piscina?

No, no podemos ni ir a la playa ni nadar en la piscina.

6. ¿Encontraste algún cinturón barato en la tienda?

No, no encontré ningún cinturón barato en la tienda/no encontré ninguno.

7. ¿Buscaron ustedes a alguien en la playa?

No, no buscamos a nadie (en la playa).

8. ¿Te gusta alguno de estos trajes?

No, no me gusta ninguno de estos trajes/no me gusta ninguno.

5 **Lo opuesto** Rodrigo's good reading habits have changed since this description was written. Rewrite the paragraph, changing the affirmative words to negative ones.

Rodrigo siempre está leyendo algún libro. También lee el periódico. Siempre lee algo. Alguien le pregunta si leyó una novela de Mario Vargas Llosa. Leyó algunos libros de Vargas Llosa el año pasado. También leyó algunas novelas de Gabriel García Márquez. Siempre quiere leer o libros de misterio o novelas fantásticas.

Rodrigo nunca está leyendo ningún libro. Tampoco lee el periódico. Nunca lee nada. Nadie le pregunta si leyó una novela

de Mario Vargas Llosa. No leyó ningún libro de Vargas Llosa el año pasado. Tampoco leyó ninguna novela de Gabriel

García Márquez. Nunca quiere leer ni libros de misterio ni novelas fantásticas.

6 **¿Lógico o ilógico?** You will hear some questions and the responses. Decide if they are **lógico** or **ilógico**.

	Lógico	Ilógico			Lógico	Ilógico
1.	○	⊘		5.	⊘	○
2.	⊘	○		6.	○	⊘
3.	⊘	○		7.	⊘	○
4.	○	⊘		8.	⊘	○

7 **Seleccionar** You will hear some sentences with a beep in place of a word. Decide if **pero** or **sino** should complete each sentence and circle it.

> *modelo*
>
> *You hear:* Ellos no viven en Lima, (*beep*) en Arequipa.
> *You circle:* **sino** *because the sentence is* **Ellos no viven en Lima, sino en Arequipa.**

1.	pero	(sino)		5.	(pero)	sino
2.	(pero)	sino		6.	pero	(sino)
3.	pero	(sino)		7.	(pero)	sino
4.	pero	(sino)		8.	(pero)	sino

8 **Transformar** Change each sentence you hear to say the opposite is true. Repeat the correct answer after the speaker. (*5 items*)

> *modelo*
>
> Nadie se ducha ahora.
> Alguien *se ducha ahora.*

9 **Preguntas** Answer each question you hear in the negative. Repeat the correct response after the speaker. (*6 items*)

> *modelo*
>
> ¿Qué estás haciendo?
> No *estoy haciendo nada.*

Audio Activities

10 **Encuesta** Circula por la clase y pídeles a tus compañeros/as que comparen las actividades que hacen durante la semana con las que hacen durante los fines de semana. Escribe las respuestas.

> **modelo**
> **Tú:** ¿Te acuestas tarde los fines de semana?
> **Susana:** Me acuesto tarde algunas veces los fines de semana, pero nunca durante la semana.

Actividades	Nombres de tus compañeros/as	Siempre	Nunca	Algunas veces
1. acostarse tarde				
2. comer en un restaurante				
3. irse a casa				
4. ir al mercado o al centro comercial				
5. ir de compras con algunos amigos				
6. levantarse temprano				
7. limpiar (*to clean*) su cuarto				
8. mirar la televisión				
9. pasear en bicicleta				
10. quedarse en su cuarto por la noche				
11. salir con alguien				
12. sentarse a leer periódicos o revistas				

1.3 Preterite of **ser** and **ir**

1 **¿Ser o ir?** Complete the sentences with the preterite of **ser** or **ir**. Then write the infinitive form of the verb you used.

1. Ayer María y Javier _____fueron_____ a la playa con sus amigos. ____ir____

2. La película del sábado por la tarde ____fue____ muy bonita. ____ser____

3. El fin de semana pasado (nosotros) ____fuimos____ al centro comercial. ____ir____

4. La abuela y la tía ____fueron____ muy buenas doctoras. ____ser____

5. (nosotros) ____Fuimos____ muy simpáticos con la familia de Claribel. ____ser____

6. Manuel ____fue____ a la casa de su tía en septiembre. ____ir____

7. Los vendedores ____fueron____ al almacén muy temprano. ____ir____

8. Lima ____fue____ la primera parada (*stop*) de nuestro viaje. ____ser____

9. (yo) ____Fui____ a buscarte a la cafetería, pero no te encontré. ____ir____

10. Mi hermana ____fue____ a la tienda a comprar champú. ____ir____

2 **Viaje a Perú** Complete the paragraph with the preterite of **ser** and **ir**. Then fill in the chart with the infinitive form of the verbs you used.

El mes pasado mi madre y yo (1) ____fuimos____ de vacaciones a Perú. El vuelo

(*flight*) (2) ____fue____ un miércoles por la mañana y (3) ____fue____

cómodo. Primero, mi madre y yo (4) ____fuimos____ a Lima y (5) ____fuimos____

a comer a un restaurante de comida peruana. La comida (6) ____fue____ muy buena.

Luego (7) ____fuimos____ al hotel y nos (8) ____fuimos____ a dormir. El

jueves (9) ____fue____ un día nublado. Nos (10) ____fuimos____ a Cuzco,

y el viaje en autobús (11) ____fue____ largo. Yo (12) ____fui____

la primera en despertarse y ver la ciudad de Cuzco. Aquella mañana, el paisaje

(13) ____fue____ impresionante. Luego mi madre y yo (14) ____fuimos____

de excursión a Machu Picchu. El cuarto día nos levantamos muy temprano y

(15) ____fuimos____ a la ciudad inca. El amanecer sobre Machu Picchu

(16) ____fue____ hermoso. La excursión (17) ____fue____ una

experiencia inolvidable (*unforgettable*). ¿(18) ____Fuiste____ tú a Perú en el pasado?

1. ____ir____	7. ____ir____	13. ____ser____
2. ____ser____	8. ____ir____	14. ____ir____
3. ____ser____	9. ____ser____	15. ____ir____
4. ____ir____	10. ____ir____	16. ____ser____
5. ____ir____	11. ____ser____	17. ____ser____
6. ____ser____	12. ____ser____	18. ____ir____

3 **Escoger** Listen to each sentence and indicate whether the verb is a form of **ser** or **ir**.

1. ser (ir) 5. ser (ir)
2. (ser) ir 6. (ser) ir
3. ser (ir) 7. (ser) ir
4. ser (ir) 8. ser (ir)

4 **Cambiar** Change each sentence from the present to the preterite. Repeat the correct answer after the speaker. (*8 items*)

modelo
Ustedes van en avión.
Ustedes fueron en avión.

5 **Preguntas** Answer each question you hear using the cue. Repeat the correct response after the speaker.

modelo
You hear: ¿Quién fue tu profesor de química?
You see: el señor Ortega
You say: El señor Ortega fue mi profesor de química.

1. al mercado al aire libre 4. fabulosa
2. muy buenas 5. al parque
3. no 6. difícil

6 **¿Qué hicieron (*did they do*) anoche?** Listen to this telephone conversation and answer the questions.

1. ¿Adónde fue Carlos anoche?
Carlos fue al estadio.

2. ¿Cómo fue el partido? ¿Por qué?
El partido fue estupendo porque su equipo favorito ganó.

3. ¿Adónde fueron Katarina y Esteban anoche?
Katarina y Esteban fueron al cine.

4. Y Esteban, ¿qué hizo (*did he do*) allí?
Esteban se durmió durante la película.

Audio Activities

Lección 1 Audio Activities **17**

1.4 Verbs like **gustar**

1 **La fotonovela** Rewrite each sentence, choosing the correct form of the verb in parentheses.

1. Maru, te (quedan, queda) bien las faldas y los vestidos.

   Maru, te quedan bien las faldas y los vestidos.

2. A Jimena y a Juan Carlos no les (molesta, molestan) la lluvia.

   A Jimena y a Juan Carlos no les molesta la lluvia.

3. A los chicos no les (importa, importan) ir de compras.

   A los chicos no les importa ir de compras.

4. A don Diego y a Felipe les (aburre, aburren) probarse ropa en las tiendas.

   A don Diego y a Felipe les aburre probarse ropa en las tiendas.

5. A Jimena le (fascina, fascinan) las tiendas y los almacenes.

   A Jimena le fascinan las tiendas y los almacenes.

6. A Felipe le (falta, faltan) dos años para terminar la carrera (*degree*).

   A Felipe le faltan dos años para terminar la carrera.

7. A los chicos les (encanta, encantan) pescar y nadar en el mar.

   A los chicos les encanta pescar y nadar en el mar.

8. A Miguel le (interesan, interesa) el arte.

   A Miguel le interesa el arte.

2 **Nos gusta el fútbol** Complete the paragraph with the correct present tense forms of the verbs in parentheses.

A mi familia le (1) _____fascina_____ (fascinar) el fútbol. A mis hermanas les

(2) _____encantan_____ (encantar) los jugadores porque son muy guapos. También les

(3) _____gusta_____ (gustar) la emoción (*excitement*) de los partidos. A mi papá le

(4) _____interesan_____ (interesar) mucho los partidos y, cuando puede, los ve por

Internet. A mi mamá le (5) _____molesta_____ (molestar) nuestra afición porque no hacemos

las tareas de la casa cuando hay partidos. A ella generalmente le (6) _____aburren_____

(aburrir) los partidos. Pero cuando al equipo argentino le (7) _____falta_____ (faltar) un

gol para ganar, le (8) _____encantan_____ (encantar) los minutos finales del partido.

3 **El viaje** You and your uncle are packing and planning your upcoming vacation to the Caribbean. Rewrite his sentences, substituting the direct object with the one in parentheses. Make all the necessary changes.

> **modelo**
>
> A mis amigos les fascinan los partidos de béisbol. (la comida peruana)
> A mis amigos les fascina la comida peruana.

1. Te quedan bien las gafas de sol. (el sombrero verde)

   Te queda bien el sombrero verde.

2. Les molesta la música estadounidense. (las canciones populares)

   Les molestan las canciones populares.

3. ¿No te interesa aprender a bailar salsa? (nadar)

   ¿No te interesa nadar/aprender a nadar?

4. Les encantan las tiendas. (el centro comercial)

   Les encanta el centro comercial.

5. Nos falta practicar el español. (unas semanas de clase)

   Nos faltan unas semanas de clase.

6. No les importa esperar un rato. (buscar unos libros nuestros)

   No les importa buscar unos libros nuestros.

4 **¿Qué piensan?** Complete the sentences with the correct pronouns and forms of the verbs in parentheses.

1. A mí _____me encantan_____ (encantar) las películas de misterio.

2. A Gregorio _____le molestan_____ (molestar) mucho la nieve y el frío.

3. A ustedes _____les falta_____ (faltar) un libro de esa colección.

4. ¿_____Te quedan_____ (quedar) bien los sombreros a ti?

5. A ella no _____le importan_____ (importar) las apariencias (*appearances*).

6. A mí los deportes por televisión _____me aburren_____ (aburrir) mucho.

5 **Mi rutina diaria** Answer these questions using verbs like **gustar** in complete sentences.

1. ¿Te molesta levantarte temprano durante la semana?

   _____

2. ¿Qué te interesa hacer por las mañanas?

   _____

3. ¿Te importa despertarte temprano los fines de semana?

   _____

4. ¿Qué te encanta hacer los domingos?

   _____

Lección 1 Estructura Activities | **19**

Síntesis

Interview a friend or relative about an interesting vacation he or she took. Then, gather the answers into a report. Use verbs like **gustar**, reflexive verbs, the preterite of **ser** and **ir**, and lesson vocabulary to answer the following questions:

- What did he or she like or love about the vacation? What interested him or her?
- Where did he or she stay, what were the accommodations like, and what was his or her daily routine like during the trip?
- Where did he or she go, what were the tours like, what were the tour guides like, and what were his or her travelling companions like?
- What bothered or angered him or her? What bored him or her during the vacation?

Be sure to address both the negative and positive aspects of the vacation. Answers will vary.

_____

_____

_____

_____

_____

_____

_____

_____

_____

_____

_____

_____

_____

_____

_____

_____

_____

_____

_____

6 **Escoger** Listen to each question and choose the most logical response.

1. (a.) Sí, me gusta.   b. Sí, te gusta.
2. (a.) No, no le interesa.   b. No, no le interesan.
3. (a.) Sí, les molestan mucho.   b. No, no les molesta mucho.
4. (a.) No, no nos importa.   b. No, no les importa.
5. a. Sí, le falta.   (b.) Sí, me falta.
6. a. Sí, les fascina.   (b.) No, no les fascinan.

7 **Cambiar** Form a new sentence using the cue you hear. Repeat the correct answer after the speaker. (*6 items*)

> modelo
> A ellos les interesan las ciencias. (a Ricardo)
> A Ricardo le interesan las ciencias.

8 **Preguntas** Answer each question you hear using the cue. Repeat the correct response after the speaker.

> modelo
> *You hear:* ¿Qué te encanta hacer?
> *You see:* patinar en línea
> *You say:* Me encanta patinar en línea.

1. la familia y los amigos   4. $2,00   7. no / nada
2. sí   5. el baloncesto y el béisbol   8. sí
3. las computadoras   6. no

9 ESTUDIANTE 1

La residencia Tú y tu compañero/a de clase son los directores de una residencia estudiantil en Perú. Cada uno de ustedes tiene las descripciones de cinco estudiantes. Con la información tienen que escoger (*choose*) quiénes van a ser compañeros de cuarto. Después, completen la lista.

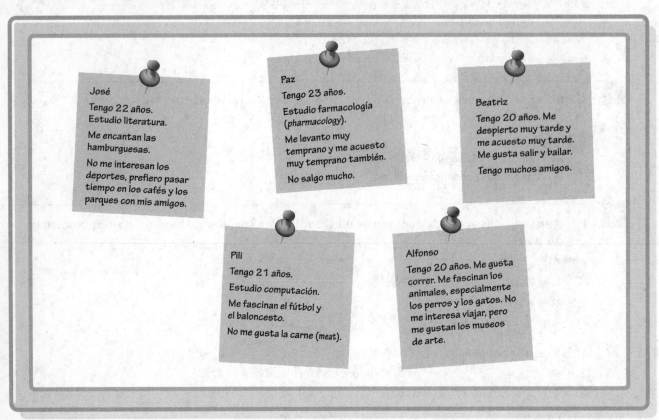

José

Tengo 22 años.
Estudio literatura.

Me encantan las hamburguesas.

No me interesan los deportes, prefiero pasar tiempo en los cafés y los parques con mis amigos.

Paz

Tengo 23 años.

Estudio farmacología (*pharmacology*).

Me levanto muy temprano y me acuesto muy temprano también.

No salgo mucho.

Beatriz

Tengo 20 años. Me despierto muy tarde y me acuesto muy tarde. Me gusta salir y bailar.

Tengo muchos amigos.

Pili

Tengo 21 años.

Estudio computación.

Me fascinan el fútbol y el baloncesto.

No me gusta la carne (*meat*).

Alfonso

Tengo 20 años. Me gusta correr. Me fascinan los animales, especialmente los perros y los gatos. No me interesa viajar, pero me gustan los museos de arte.

1. Habitación 201: _____ y _____

   ¿Por qué? _____

2. Habitación 202: _____ y _____

   ¿Por qué? _____

3. Habitación 203: _____ y _____

   ¿Por qué? _____

4. Habitación 204: _____ y _____

   ¿Por qué? _____

5. Habitación 205: _____ y _____

   ¿Por qué? _____

9 **ESTUDIANTE 2**

La residencia Tú y tu compañero/a de clase son los directores de una residencia estudiantil en Perú. Cada uno de ustedes tiene las descripciones de cinco estudiantes. Con la información tienen que escoger (*choose*) quiénes van a ser compañeros de cuarto. Después, completen la lista.

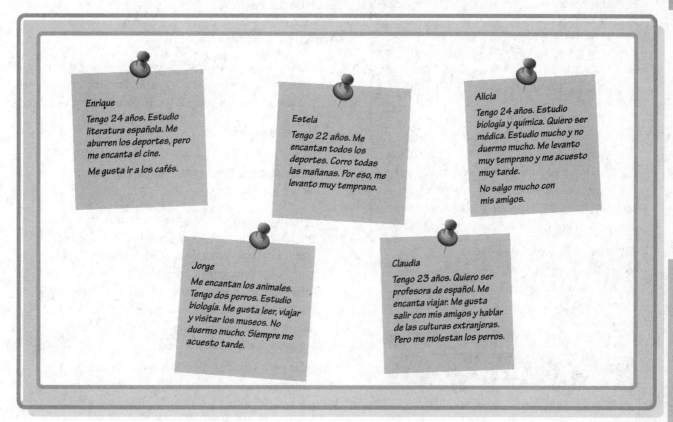

1. Habitación 201: _____ y _____

   ¿Por qué? _____

2. Habitación 202: _____ y _____

   ¿Por qué? _____

3. Habitación 203: _____ y _____

   ¿Por qué? _____

4. Habitación 204: _____ y _____

   ¿Por qué? _____

5. Habitación 205: _____ y _____

   ¿Por qué? _____

Lección 1 Communication Activities   **23**

Escritura

Estrategia
Sequencing events

Paying strict attention to sequencing in a narrative will ensure that your writing flows logically from one part to the next.

Every composition should have an introduction, a body, and a conclusion. The introduction presents the subject, the setting, the situation, and the people involved. The main part, or the body, describes the events and people's reactions to these events. The conclusion brings the narrative to a close.

Adverbs and adverbial phrases are sometimes used as transitions between the introduction, the body, and the conclusion. Here is a list of commonly used adverbs in Spanish:

Adverbios	
además; también	*in addition; also*
al principio; en un principio	*at first*
antes (de)	*before*
después	*then*
después (de)	*after*
entonces; luego	*then*
más tarde	*later*
primero	*first*
pronto	*soon*
por fin, finalmente	*finally*
al final	*finally*

Tema
Escribe tu rutina

Antes de escribir

1. Vas a escribir una descripción de tu rutina diaria en uno de estos lugares, o en algún otro lugar interesante de tu propia (*your own*) invención:

   ► una isla desierta
   ► el Polo Norte
   ► un crucero (*cruise*) transatlántico
   ► un desierto

2. Mira el esquema (*diagram*) en la próxima página, donde vas a escribir los detalles de tu rutina diaria. Antes de escribir tus actividades en el esquema, considera cómo cambian algunos de los elementos más básicos de tu rutina en el lugar que escogiste (*you chose*). Por ejemplo, ¿dónde te acuestas en el Polo Norte? ¿Cómo te duchas en el desierto?

3. Haz una lista de palabras clave que ya conoces o que necesitas saber para escribir tu descripción.

Palabras clave que ya conozco	Palabras clave que necesito saber

4. Ahora completa el esquema. Escribe detalles sobre el lugar y sobre las personas de ese lugar en el círculo marcado **Introducción**. Luego usa verbos reflexivos para escribir seis actividades diarias en su secuencia normal en los seis cuadros (*boxes*). Finalmente, escribe detalles sobre tus opiniones del lugar y de tu vida allí en el círculo marcado **Conclusión**.

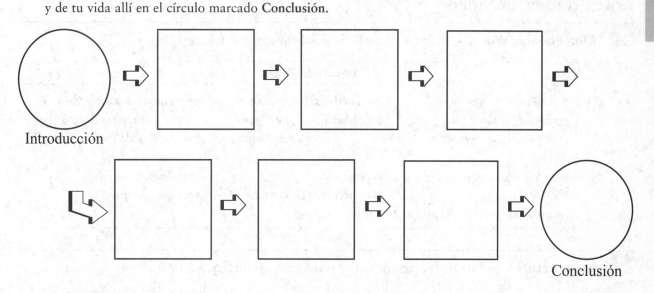

Introducción

Conclusión

5. Ahora, mira el esquema otra vez. ¿Qué adverbios puedes añadir al esquema para acentuar la secuencia de las actividades? Escríbelos encima de (*above*) cada cuadro del esquema.

Escribir

Usa el esquema y la lista de palabras clave para escribir tu narración. La narración debe tener una introducción (la información del primer círculo del esquema), una parte central (las actividades de los ocho cuadros) y una conclusión (la información del segundo círculo). También debes incluir los adverbios que escribiste encima de los cuadros para indicar la secuencia de las actividades.

Después de escribir

1. Intercambia tu borrador (*rough draft*) con un(a) compañero/a. Coméntalo y contesta estas preguntas.

   ▶ ¿Escribió tu compañero/a una introducción con detalles sobre el lugar y las personas de ese lugar?

   ▶ ¿Escribió tu compañero/a una parte central con ocho actividades de su rutina diaria?

   ▶ ¿Usó tu compañero/a adverbios para indicar la secuencia de las actividades?

   ▶ ¿Escribió tu compañero/a una conclusión con sus opiniones del lugar y de su vida allí?

   ▶ ¿Usó tu compañero/a correctamente los verbos reflexivos?

   ▶ ¿Qué detalles añadirías (*would you add*)? ¿Qué detalles quitarías (*would you delete*)? ¿Qué otros comentarios tienes para tu compañero/a?

2. Revisa tu narración según los comentarios de tu compañero/a. Después de escribir la versión final, léela otra vez para eliminar errores de:

   ▶ ortografía (*spelling*)

   ▶ puntuación

   ▶ uso de letras mayúsculas (*capital*) y minúsculas (*lowercase*)

   ▶ concordancia (*agreement*) entre sustantivos (*nouns*) y adjetivos

   ▶ uso de verbos reflexivos

   ▶ uso de verbos en el presente de indicativo (*present tense*)

Lección 1

Tapas para todos los días

Antes de ver el video

1 **Más vocabulario** Look over these useful words before you watch the video.

Vocabulario útil

los caracoles *snails*	informal *casual, informal*	preparaban unos platillos
Cataluña *Catalonia (an*	País Vasco *Basque Country*	*used to prepare little dishes*
autonomous community	*(autonomous community*	las tortillas de patata *Spanish*
in Spain)	*in Spain)*	*potato omelets*
contar los palillos *counting*	el pan *bread*	el trabajo *job; work*
the toothpicks	las porciones de comida	único/a *unique*
la escalivada *grilled vegetables*	*food portions*	

2 **Completar** Complete this paragraph about **tapas** with vocabulary from Activity 1.

Las tapas son pequeñas (1)___porciones de comida___ que se sirven en bares y restaurantes de España.
Hay diferentes tipos de tapas: los (2)_____caracoles_____ y las (3)___tortillas de___ son
___patata/escalivadas___
algunos ejemplos. En algunos bares, los camareros (*waiters*) traen la comida, pero en lugares más
(4)_____informales_____ el cliente toma las tapas en la barra (*bar*). Es muy común salir solo o con
amigos a tomar tapas después del trabajo. Sin duda, ¡salir de tapas en España es una experiencia
fantástica y (5)_____única_____!

3 **¡En español!** Look at the video still. Imagine what Mari Carmen will say about **tapas** in Barcelona, and write a two- or three-sentence introduction to this episode. Answers will vary.

Mari Carmen, España

¡Hola! Hoy estamos en Barcelona. Esta bonita ciudad... _____
_____
_____
_____
_____

Mientras ves el video

4 **Montaditos** Indicate whether these statements about **montaditos** are **cierto** or **falso**.

1. Los cajeros cuentan los palillos para saber cuánto deben pagar los clientes. ___Cierto.___

2. Los montaditos son informales. ___Cierto.___

3. Los montaditos son caros. ___Falso.___

4. Los montaditos se preparan siempre con pan. ___Cierto.___

5. Hay montaditos en bares al aire libre solamente. ___Falso.___

Video Activities: *Flash cultura*

5 **Completar** (03:13–03:29) Watch these people talk about **tapas**, and complete this conversation.

MARI CARMEN ¿Cuándo sueles venir a (1)_____tomar_____ tapas?

HOMBRE Generalmente (2)_____después_____ del trabajo. Cuando al salir de trabajar (3)_____tengo_____ hambre, vengo (4)_____aquí_____.

MARI CARMEN ¿Y vienes solo, vienes con amigos o da igual (*doesn't it matter*)?

HOMBRE Da igual. Si alguien (5)_____viene_____ conmigo, mejor; y si no, vengo solo.

Después de ver el video

6 **¿Cierto o falso?** Indicate whether these statements are **cierto** or **falso**.

1. Mari Carmen pasea en motocicleta por el centro de Barcelona. _____Cierto._____

2. Mari Carmen entrevista a personas sobre sus hábitos después de salir del trabajo._____Cierto._____

3. Una versión sobre el origen de las tapas dice que un rey (*king*) necesitaba (*needed*) comer pocas veces al día. _____Falso._____

4. Los restaurantes elegantes y caros sirven montaditos. _____Falso._____

5. La tradición del montadito proviene (*comes from*) del País Vasco. _____Cierto._____

6. Los pinchos son sólo platos fríos. _____Falso._____

7 **Un día en la vida de...** Select one of these people and imagine a typical workday. Consider his or her daily routine as well as the time he or she gets up, goes to work, spends with friends, goes back home, and goes to sleep. Use the words provided. Answers will vary.

| más tarde | se acuesta | se levanta |
| por la noche | se cepilla los dientes | va al trabajo |

_____

_____

_____

_____

_____

_____

Panorama

Perú

1 **Datos de Perú** Complete the sentences with the correct words.

1. _____Lima_____ es la capital de Perú y _____Arequipa_____ es la segunda ciudad más poblada.

2. _____Iquitos_____ es un puerto muy importante en el río Amazonas.

3. El barrio bohemio de la ciudad de Lima se llama _____Barranco_____.

4. Hiram Bingham descubrió las ruinas de _____Machu Picchu_____ en los Andes.

5. Las llamas, alpacas, guanacos y vicuñas son parientes del _____camello_____.

6. Las Líneas de _____Nazca_____ son uno de los grandes misterios de la humanidad.

2 **Perú** Fill in the blanks with the names and places described. Then use the words formed by the highlighted boxes to answer the final question.

1. barrio bohemio de Lima
2. animales que se usan para carga y transporte
3. en Perú se habla este idioma
4. capital de Perú
5. montañas de Perú
6. dirección de Machu Picchu desde Cuzco

7. puerto en el río Amazonas
8. animales que dan lana
9. esta civilización peruana dibujó líneas
10. profesión de César Vallejo

¹B	A	R	R	A	N	C	O	
		²L	L	A	M	A	S	
		³A	I	M	A	R	A	
			⁴L	I	M	A		
			⁵A	N	D	E	S	
⁶N	O	R	O	E	S	T	E	

⁷I	Q	U	I	T	O	S		
⁸G	U	A	N	A	C	O	S	
⁹N	A	Z	C	A				
¹⁰P	O	E	T	A				

¿Por dónde se llega caminando a Machu Picchu?

Se llega por el _____Camino Inca_____.

3 **Ciudades peruanas** Fill in the blanks with the names of the appropriate cities in Peru.

1. ciudad al sureste (*southeast*) de Cuzco _____Arequipa_____

2. se envían productos por el Amazonas _____Iquitos_____

3. Museo Oro del Perú _____Lima_____

4. está a 80 km de Machu Picchu _____Cuzco_____

5. ciudad antigua del Imperio inca _____Machu Picchu_____

4 **¿Cierto o falso?** Indicate whether each statement is **cierto** or **falso**. Correct the false statements.

1. Trujillo es un destino popular para los ecoturistas que visitan la selva.

Falso. Iquitos es un destino popular para los ecoturistas que visitan la selva.

2. Mario Vargas Llosa es un escritor peruano famoso.

Cierto.

3. La Iglesia de San Francisco es notable por la influencia de la arquitectura árabe.

Falso. La Iglesia de San Francisco es notable por la influencia de la arquitectura barroca colonial.

4. Las ruinas de Machu Picchu están en la cordillera de los Andes.

Cierto.

5. Las llamas se usan para la carga y el transporte en Perú.

Cierto.

6. La civilización inca hizo dibujos que sólo son descifrables desde el aire.

Falso. La civilización nazca hizo dibujos que sólo son descifrables desde el aire.

5 **El mapa de Perú** Label the map of Peru.

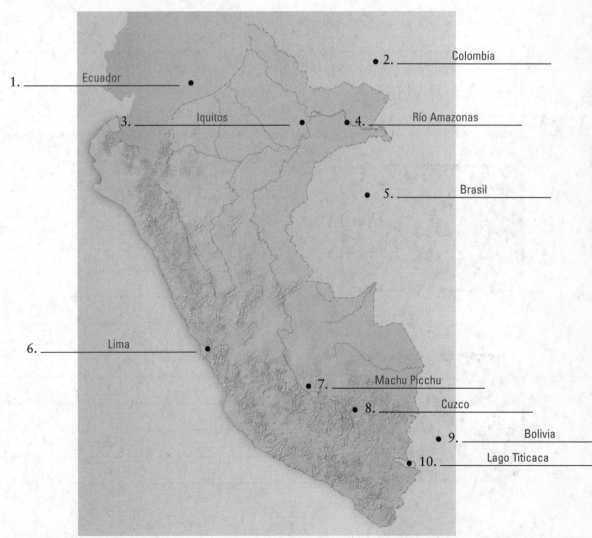

1. _____ Ecuador

2. _____ Colombia

3. _____ Iquitos

4. _____ Río Amazonas

5. _____ Brasil

6. _____ Lima

7. _____ Machu Picchu

8. _____ Cuzco

9. _____ Bolivia

10. _____ Lago Titicaca

Lección 1 Panorama Activities

Panorama: Perú

Antes de ver el video

1 **Más vocabulario** Look over these useful words and expressions before you watch the video.

Vocabulario útil		
canoa *canoe*	exuberante naturaleza	ruta *route, path*
dunas *sand dunes*	*lush countryside*	tabla *board*

2 **Preferencias** In this video you are going to learn about unusual sports. In preparation for watching the video, answer these questions about your interest in sports. Answers will vary.

1. ¿Qué deportes practicas?

_____

2. ¿Dónde los practicas?

_____

3. ¿Qué deportes te gusta ver en televisión?

_____

Mientras ves el video

3 **Fotos** Describe the video stills. Write at least three sentences in Spanish for each still. Answers will vary.

_____

_____

_____

_____

_____

_____

_____

_____

_____

_____

_____

Después de ver el video

4 **¿Cierto o falso?** Indicate whether each statement is **cierto** or **falso**. Correct the false statements.

1. Pachacamac es el destino favorito para los que pasean en bicicletas de montaña.

Cierto.

2. El *sandboard* es un deporte antiguo en Perú.

Falso. El *sandboard* es un deporte nuevo en Perú.

3. El *sandboard* se practica en Ocucaje porque en este lugar hay muchos parques.

Falso. El *sandboard* se practica en Ocucaje porque allí hay grandes dunas.

4. El Camino Inca termina en Machu Picchu.

Cierto.

5. El Camino Inca se puede completar en dos horas.

Falso. El camino Inca se puede completar en tres o cuatro días.

6. La pesca en pequeñas canoas es un deporte tradicional.

Cierto.

5 **Completar** Complete the sentences with words from the word bank.

aventura	kilómetros	pesca
excursión	llamas	restaurante
exuberante	parque	tradicional

1. En Perú, se practican muchos deportes de _____aventura_____.

2. Pachacamac está a 31 _____kilómetros_____ de Lima.

3. La naturaleza en Santa Cruz es _____exuberante_____.

4. En Perú, uno de los deportes más antiguos es la _____pesca_____ en pequeñas canoas.

5. Caminar con _____llamas_____ es uno de los deportes tradicionales en Perú.

6. Santa Cruz es un sitio ideal para ir de _____excursión_____.

6 **Escribir** Imagine that you just completed the **Camino Inca**. In Spanish, write a short letter to a friend telling him or her about the things you did and saw. Answers will vary.

_____

_____

_____

_____

_____

_____

_____

Video Activities: *Panorama cultural*

Contextos

1 **¿Qué comida es?** Read the descriptions and write the names of the food in the blanks.

1. Son rojos y se sirven (*they are served*) en las ensaladas. <u>los tomates</u>

2. Se come (*It is eaten*) antes del plato principal; es líquida y caliente (*hot*). <u>la sopa</u>

3. Son unas verduras anaranjadas, largas y delgadas. <u>las zanahorias</u>

4. Hay de naranja y de manzana; se bebe en el desayuno. <u>el jugo</u>

5. Son dos rebanadas (*slices*) de pan con queso y jamón. <u>el sándwich</u>

6. Es comida rápida; se sirven con hamburguesas y se les pone sal. <u>las papas fritas</u>

7. Son pequeños y rosados; viven en el mar. <u>los camarones</u>

8. Son frutas amarillas; con ellas, agua y azúcar se hace una bebida de verano. <u>los limones</u>

2 **Categorías** Categorize the foods listed in the word bank.

aceite	camarones	hamburguesas	maíz	papas	salchichas
arvejas	cebollas	jamón	mantequilla	peras	salmón
atún	champiñones	langosta	manzanas	pimienta	uvas
azúcar	chuletas de cerdo	leche	mayonesa	pollo	vinagre
bananas		lechuga	melocotones	queso	yogur
bistec	espárragos	limones	naranjas	sal	zanahorias

Verduras	Productos lácteos (*dairy*)	Condimentos	Carnes y aves (*poultry*)	Pescados y mariscos	Frutas
arvejas	leche	aceite	bistec	atún	bananas
cebollas	mantequilla	azúcar	chuletas de cerdo	camarones	limones
champiñones	queso	mayonesa	hamburguesas	langosta	manzanas
espárragos	yogur	pimienta	jamón	salmón	melocotones
lechuga		sal	pollo		naranjas
maíz		vinagre	salchichas		peras
papas					uvas
zanahorias					

3 **¿Qué es?** Label the food item shown in each drawing.

Suggested answers:

1. _____ el agua mineral _____   2. _____ las zanahorias _____

3. _____ los camarones _____   4. _____ las uvas _____

4 **¿Cuándo lo comes?** Read the lists of meals, then categorize when the meals would be eaten.

Answers may vary. Suggested answers:

1. un sándwich de jamón y queso, unas chuletas de cerdo con arroz y frijoles, un yogur y un café con leche

Desayuno _____ un yogur y un café con leche _____

Almuerzo _____ un sándwich de jamón y queso _____

Cena _____ unas chuletas de cerdo con arroz y frijoles _____

2. una langosta con papas y espárragos, huevos fritos y jugo de naranja, una hamburguesa y un refresco

Desayuno _____ huevos fritos y jugo de naranja _____

Almuerzo _____ una hamburguesa y un refresco _____

Cena _____ una langosta con papas y espárragos _____

3. pan tostado con mantequilla, un sándwich de atún y un té helado, un bistec con cebolla y arroz

Desayuno _____ pan tostado con mantequilla _____

Almuerzo _____ un sándwich de atún y un té helado _____

Cena _____ un bistec con cebolla y arroz _____

4. una sopa y una ensalada, cereales con leche, pollo asado con ajo y champiñones

Desayuno _____ cereales con leche _____

Almuerzo _____ una sopa y una ensalada _____

Cena _____ pollo asado con ajo y champiñones _____

5 **Clasificar** Listen to each question and mark an **X** in the appropriate category.

modelo
You hear: ¿Qué es la piña?
You mark: an **X** under **fruta**.

	carne	pescado	verdura	fruta	bebida
Modelo				**X**	
1.		X			
2.					X
3.			X		
4.		X			
5.	X				
6.				X	
7.	X				
8.					X

6 **Describir** Listen to each sentence and write the number of the sentence below the drawing of the food or drink mentioned.

a. _____4_____

b. _____6_____

c. _____9_____

d. _____1_____

e. _____7_____

f. _____3_____

g. _____2_____

h. _____5_____

i. _____5_____

7 **ESTUDIANTE 1**

Crucigrama Tú y tu compañero/a tienen un crucigrama (*crossword puzzle*) incompleto. Tú tienes las palabras que necesita tu compañero/a y él/ella tiene las palabras que tú necesitas. Tienen que darse pistas (*clues*) para completarlo. No pueden decir la palabra; deben utilizar definiciones, ejemplos y frases.

> **modelo**
> **6 vertical:** Es un *condimento que normalmente viene con la sal.*
> **12 horizontal:** Es una fruta amarilla.

Lección 2

Communication Activities

(Crucigrama / crossword puzzle grid)

1 across/down: C E R E A (L) ...
2: Z A N A H O R I A
4: M A Y O N E S A
5: A J O
6: P I M I E N T A
7: M A (Y O)
8: P A P A S
9: T O M A T E
10: S O P A
11: E S
12: A A A
13: A R V E J E J A
14: E
15: R
16: U V A
17: P E R A
18: J A
19: S
20: S

7 ESTUDIANTE 2

Crucigrama Tú y tu compañero/a tienen un crucigrama (*crossword puzzle*) incompleto. Tú tienes las palabras que necesita tu compañero/a y él/ella tiene las palabras que tú necesitas. Tienen que darse pistas (*clues*) para completarlo. No pueden decir la palabra; deben utilizar definiciones, ejemplos y frases.

> **modelo**
> **6 vertical:** Es un condimento que normalmente viene con la sal.
> **12 horizontal:** Es una fruta amarilla.

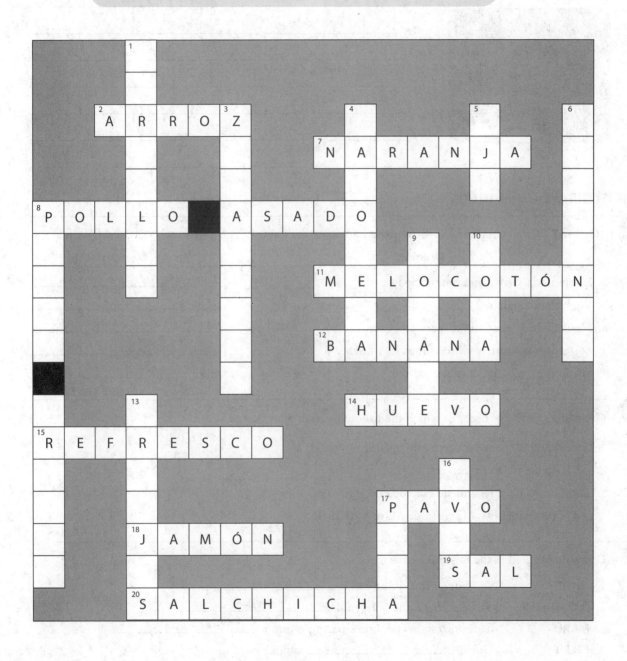

Lección 2

Una cena... romántica

Antes de ver el video

1   **En un restaurante** What do you do and say when you have dinner at a restaurant? Answers will vary.

_____

_____

_____

_____

_____

_____

_____

Mientras ves el video

2   **¿Quién?** Watch **Una cena... romántica** and write the name of the person who says each sentence.

Oración	Nombre
1. La ensalada viene con aceite y vinagre.	Camarero
2. Vino blanco para mí.	Maru
3. Mejor pido la ensalada de pera con queso.	Miguel
4. Los espárragos están sabrosísimos esta noche.	Felipe
5. Señor, él es más responsable que yo.	Juan Carlos

3   **Ordenar** Show the order in which the following took place.

_3_ a. Felipe les pone pimienta a los platillos.

_1_ b. Miguel pide una cerveza.

_2_ c. El camarero recomienda la sopa de frijoles.

_4_ d. El gerente llega a la mesa de Maru y Miguel.

4   **Completar** Fill in the missing words.

1. **MARU**   No sé qué pedir. ¿Qué me ___recomiendas___?

2. **CAMARERO**   ¿Ya decidieron qué quieren de ___entremés___?

3. **MARU**   Tienes razón, Felipe. Los espárragos están ___deliciosos___.

4. **FELIPE**   ¿Quién ___pidió___ jamón?

5. **JUAN CARLOS**   ¿Aquí vienen ___tantos___ mexicanos ___como___ extranjeros?

Video Activities: Fotonovela

Después de ver el video

5 **Opiniones** Say who expressed the following opinions, either verbally or through body language.

_____Maru_____ 1. Los mariscos parecen tan ricos como el jamón.

_____el camarero_____ 2. Este joven me está molestando con sus preguntas.

_____Felipe_____ 3. Los champiñones están deliciosos.

____Juan Carlos____ 4. Felipe tiene la culpa (*is guilty*) de lo que pasó.

_____el gerente_____ 5. Vamos a la cocina para que paguen lo que hicieron.

6 **Corregir** Correct these statements.

1. Miguel le dice a Maru que la langosta se ve muy buena.

Miguel le dice a Maru que las chuletas de cerdo se ven muy buenas.

2. De beber, Maru y Miguel piden té.

De beber, Maru pide vino blanco y Miguel pide cerveza.

3. El plato principal es ceviche de camarones con cilantro y limón.

El entremés es ceviche de camarones con limón y cilantro./El plato principal es bistec con verduras a la plancha.

4. Maru pide el jamón con arvejas.

Maru pide el jamón con espárragos.

5. Felipe dice que los champiñones saben a vinagre.

Felipe dice que los champiñones saben a mantequilla.

6. Felipe dice que es el mejor camarero del mundo.

Felipe dice que es el peor camarero del mundo.

7 **Preguntas personales** Answer these questions in Spanish. Answers will vary.

1. ¿Almuerzas en la cafetería de tu escuela? ¿Por qué? _____

_____

2. ¿Cuál es tu plato favorito? ¿Por qué? _____

_____

3. ¿Cuál es el mejor restaurante de tu comunidad? Explica (*Explain*) tu opinión. _____

_____

4. ¿Cuál es tu restaurante favorito? ¿Cuál es la especialidad de ese restaurante? _____

_____

5. ¿Sales mucho a cenar con tu familia? ¿Adónde van a cenar? _____

_____

Lección 2

Video Activities: *Fotonovela*

Pronunciación

ll, ñ, c, and z

Most Spanish speakers pronounce **ll** like the *y* in *yes*.

    po**ll**o   **ll**ave   e**ll**a   cebo**ll**a

The letter **ñ** is pronounced much like the *ny* in *canyon*.

    ma**ñ**ana   se**ñ**or   ba**ñ**o   ni**ñ**a

Before **a**, **o**, or **u**, the Spanish **c** is pronounced like the *c* in *car*.

    café   **c**olombiano   **c**uando   ri**c**o

Before **e** or **i**, the Spanish **c** is pronounced like the *s* in *sit*. In parts of Spain, **c** before **e** or **i** is pronounced like the *th* in *think*.

    cereales   deli**c**ioso   condu**c**ir   cono**c**er

The Spanish **z** is pronounced like the *s* in *sit*. In parts of Spain, **z** is pronounced like the *th* in *think*.

    zeta   **z**anahoria   almuer**z**o   cerve**z**a

1 **Práctica** Repeat each word after the speaker to practice pronouncing **ll**, **ñ**, **c**, and **z**.

1. mantequilla
2. cuñado
3. aceite
4. manzana
5. español
6. cepillo
7. zapato
8. azúcar
9. quince
10. compañera
11. almorzar
12. calle

2 **Oraciones** When the speaker pauses, repeat the corresponding sentence or phrase, focusing on **ll**, **ñ**, **c**, and **z**.

1. Mi mejor amigo se llama Toño Núñez. Su familia es de la Ciudad de Guatemala y de Quetzaltenango.
2. Dice que la comida de su mamá es deliciosa, especialmente su pollo al champiñón y sus tortillas de maíz.
3. Creo que Toño tiene razón porque hoy cené en su casa y quiero volver mañana para cenar allí otra vez.

3 **Refranes** Repeat each saying after the speaker to practice pronouncing **ll**, **ñ**, **c**, and **z**.

1. Las aparencias engañan.
2. Panza llena, corazón contento.

4 **Dictado** You will hear five sentences. Each will be said twice. Listen carefully and write what you hear.

1. Catalina compró mantequilla, chuletas de cerdo, refrescos y melocotones en el mercado.
2. Ese señor español quiere almorzar en un restaurante francés.
3. El mozo le recomendó los camarones con arroz.
4. En mi casa empezamos la comida con una sopa.
5. Guillermo llevó a Alicia al Café Azul anoche.

Lección 2

Audio Activities

Estructura

2.1 Preterite of stem-changing verbs

1 **En el pasado** Rewrite each sentence, conjugating the verbs into the preterite tense.

1. Ana y Enrique piden unos refrescos fríos.

   Ana y Enrique pidieron unos refrescos fríos.

2. Mi mamá nos sirve arroz con frijoles y carne.

   Mi mamá nos sirvió arroz con frijoles y carne.

3. Tina y Linda duermen en un hotel de Lima.

   Tina y Linda durmieron en un hotel de Lima.

4. Las flores (*flowers*) de mi tía mueren durante el otoño.

   Las flores de mi tía murieron durante el otoño.

5. Ustedes se sienten bien porque ayudan a las personas.

   Ustedes se sintieron bien porque ayudaron a las personas.

2 **¿Qué hicieron?** For each sentence, choose the correct verb from those in parentheses. Then complete the sentence by writing the preterite form of the verb.

1. Rosana y Héctor _____repitieron_____ las palabras del profesor. (repetir, dormir, morir)

2. El abuelo de Luis _____murió_____ el año pasado. (pedir, morir, servir)

3. (yo) _____Serví_____ camarones y salmón de cena en mi casa. (morir, conseguir, servir)

4. Lisa y tú _____pidieron_____ pan tostado con queso y huevos. (sentirse, seguir, pedir)

5. Elena _____durmió_____ en casa de su prima el sábado. (dormir, pedir, repetir)

6. Gilberto y su familia _____prefirieron_____ ir al restaurante francés. (servir, preferir, vestirse)

3 **No pasó así** Your brother is very confused today. Correct his mistakes by rewriting each sentence, replacing the subject with the one given in parentheses.

1. Anoche nos sentimos alegres. (mis primos)

   Anoche mis primos se sintieron alegres.

2. Melinda y Juan siguieron a Camelia por la ciudad en el auto. (yo)

   (Yo) Seguí a Camelia por la ciudad en el auto.

3. Alejandro prefirió quedarse en casa. (ustedes)

   Ustedes prefirieron quedarse en casa.

4. Pedí un plato de langosta con salsa de mantequilla. (ellas)

   Ellas pidieron un plato de langosta con salsa de mantequilla.

5. Los camareros les sirvieron una ensalada con atún y espárragos. (tu esposo)

   Tu esposo les sirvió una ensalada con atún y espárragos.

Lección 2

4 **En el restaurante** Create sentences from the elements provided. Use the preterite form of the verbs.

1. (nosotros) / preferir / este restaurante al restaurante italiano

   Preferimos este restaurante al restaurante italiano.

2. mis amigos / seguir / a Gustavo para encontrar el restaurante

   Mis amigos siguieron a Gustavo para encontrar el restaurante.

3. la camarera / servirte / huevos fritos y café con leche

   La camarera te sirvió huevos fritos y café con leche.

4. ustedes / pedir / ensalada de mariscos y agua mineral

   Ustedes pidieron ensalada de mariscos y agua mineral.

5. Carlos / preferir / las papas fritas

   Carlos prefirió las papas fritas.

6. (yo) / conseguir / el menú del restaurante

   Conseguí el menú del restaurante.

5 **La planta de la abuela** Complete this message with the preterite form of the verbs from the word bank. Use each verb only once.

conseguir	morir	preferir	seguir	servir
dormir	pedir	repetir	sentirse	vestirse

Querida tía:

El fin de semana pasado fui a visitar a mi abuela Lilia en el campo. (Yo) Le
(1) __conseguí__ unos libros en la biblioteca de la escuela porque ella me los
(2) __pidió__. Cuando llegué, mi abuela me (3) __sirvió__ un
plato sabroso de arroz con frijoles. La encontré triste porque la semana pasada su
planta de tomates (4) __murió__ y ahora tiene que comprar los tomates en
el mercado. Me invitó a quedarme, y yo (5) __dormí__ en su casa. Por
la mañana, abuela Lilia se despertó temprano, (6) __se vistió__ y salió a
comprar huevos para el desayuno. Me levanté inmediatamente y la
(7) __seguí__ porque quería ir con ella al mercado. En el mercado, ella me
(8) __repitió__ que estaba triste por la planta de tomates. Le pregunté:
¿Debemos comprar otra planta de tomates?, pero ella (9) __prefirió__
esperar hasta el verano. Después del desayuno, yo (10) __me sentí__ triste
cuando volví a la escuela. Quiero mucho a la abuela. ¿Cuándo la vas a visitar?

Chau,

Mónica

6 **Identificar** Listen to each sentence and decide whether the verb is in the present or the preterite tense. Mark an **X** in the appropriate column.

> **modelo**
> *You hear:* Pido bistec con papas fritas.
> *You mark:* an **X** under **Present**.

	Present	Preterite
Modelo	X	
1.	X	
2.		X
3.		X
4.		X
5.		X
6.		X
7.		X
8.		X

7 **Cambiar** Change each sentence you hear substituting the new subject given. Repeat the correct response after the speaker. (*6 items*)

> **modelo**
> Tú no dormiste bien anoche. (los niños)
> *Los niños no durmieron bien anoche.*

8 **Preguntas** Answer each question you hear using the cue. Repeat the correct response after the speaker.

> **modelo**
> *You hear:* ¿Qué pediste?
> *You see:* pavo asado con papas y arvejas
> *You say:* Pedí pavo asado con papas y arvejas.

1. Sí	3. leche	5. No
2. No	4. Sí	6. la semana pasada

9 **Un día largo** Listen as Ernesto describes what he did yesterday. Then read the statements and decide whether they are **cierto** or **falso**.

	Cierto	Falso
1. Ernesto se levantó a las seis y media de la mañana.	○	Ø
2. Se bañó y se vistió en poco tiempo.	Ø	○
3. Los clientes empezaron a llegar a la una.	○	Ø
4. Almorzó temprano.	○	Ø
5. Pidió pollo asado con papas.	Ø	○
6. Después de almorzar, Ernesto y su primo siguieron trabajando.	Ø	○

2.2 Double object pronouns

1 **Buena gente** Rewrite each sentence, replacing the direct objects with direct object pronouns.

1. La camarera te sirvió el plato de pasta con mariscos.

   La camarera te lo sirvió.

2. Isabel nos trajo la sal y la pimienta a la mesa.

   Isabel nos las trajo (a la mesa).

3. Javier me pidió el aceite y el vinagre anoche.

   Javier me los pidió (anoche).

4. El dueño nos busca una mesa para seis personas.

   El dueño nos la busca (para seis personas).

5. Tu madre me consigue unos melocotones deliciosos.

   Tu madre me los consigue.

6. ¿Te recomendaron este restaurante Lola y Paco?

   ¿Te lo recomendaron Lola y Paco?

2 **En el restaurante** Last night, you and some friends ate in a popular new restaurant. Rewrite what happened there, using double object pronouns in each sentence.

1. La dueña nos abrió la sección de no fumar.

   La dueña nos la abrió.

2. Le pidieron los menús al camarero.

   Se los pidieron.

3. Nos buscaron un lugar cómodo y nos sentamos.

   Nos lo buscaron y nos sentamos.

4. Les sirvieron papas fritas con el pescado a los clientes.

   Se las sirvieron (con el pescado).

5. Le llevaron unos entremeses a la mesa a Marcos.

   Se los llevaron (a la mesa).

6. Me trajeron una ensalada de lechuga y tomate.

   Me la trajeron.

7. El dueño le compró la carne al señor Gutiérrez.

   El dueño se la compró.

8. Ellos te mostraron los postres antes de servirlos.

   Ellos te los mostraron (antes de servirlos).

3 **¿Quiénes son?** Answer the questions, using double object pronouns.

1. ¿A quiénes les escribiste las postales? (a ellos) Se las escribí a ellos.

2. ¿Quién le recomendó ese plato? (su tío) Se lo recomendó su tío./Su tío se lo recomendó.

3. ¿Quién nos va a abrir la puerta a esta hora? (Sonia) Nos la va a abrir Sonia./Sonia nos la va a abrir./
Sonia va a abrírnosla.

4. ¿Quién les sirvió el pescado asado? (Miguel) Se lo sirvió Miguel./Miguel se lo sirvió.

5. ¿Quién te llevó los entremeses? (mis amigas) Me los llevaron mis amigas./Mis amigas me los llevaron.

6. ¿A quién le ofrece frutas Roberto? (a su familia) (Roberto) Se las ofrece a su familia.

4 **La cena** Read the two conversations. Then answer the questions, using double object pronouns.

CELIA *(A Tito)* Rosalía me recomendó este restaurante.

DUEÑO Buenas noches, señores. Les traigo unos entremeses, cortesía del restaurante.

CAMARERO Buenas noches. ¿Quieren ver el menú?

TITO Sí, por favor. ¿Está buena la langosta?

CAMARERO Sí, es la especialidad del restaurante.

CELIA ¿Cuánto vale la langosta?

CAMARERO Vale treinta dólares.

TITO Entonces queremos pedir dos.

CELIA Y yo quiero agua mineral, por favor.

CAMARERO Tenemos flan y fruta de postre *(for dessert)*.

CELIA Perdón, ¿me lo puede repetir?

CAMARERO Tenemos flan y fruta.

CELIA Yo no quiero nada de postre, gracias.

DUEÑO ¿Les gustó la cena?

TITO Sí, nos encantó. Muchas gracias. Fue una cena deliciosa.

1. ¿Quién le recomendó el restaurante a Celia? Se lo recomendó Rosalía./Rosalía se lo recomendó.

2. ¿Quién les sirvió los entremeses a Celia y a Tito? Se los sirvió el dueño./El dueño se los sirvió.

3. ¿Quién les trajo los menús a Celia y a Tito? Se los trajo el camarero./El camarero se los trajo.

4. ¿A quién le preguntó Celia el precio de la langosta? Se lo preguntó al camarero.

5. ¿Quién le pidió las langostas al camarero? Se las pidió Tito./Tito se las pidió.

6. ¿Quién le pidió agua mineral al camarero? Se la pidió Celia./Celia se la pidió.

7. ¿Quién le repitió a Celia la lista de postres? Se la repitió el camarero./El camarero se la repitió.

8. ¿A quién le dio las gracias Tito cuando se fueron? Se las dio al dueño.

Lección 2

5   **Escoger**   The manager of El Gran Pavo Restaurant wants to know what items the chef is going to serve to the customers today. Listen to each question and choose the correct response.

> **modelo**
> *You hear:* ¿Les vas a servir sopa a los clientes?
> *You read:* a. Sí, se la voy a servir.   b. No, no se lo voy a servir.
> *You mark:* **a** because it refers to **la sopa.**

1. a. Sí, se las voy a servir.   (b.) No, no se los voy a servir.

2. (a.) Sí, se la voy a servir.   b. No, no se lo voy a servir.

3. (a.) Sí, se los voy a servir.   b. No, no se las voy a servir.

4. a. Sí, se los voy a servir.   (b.) No, no se las voy a servir.

5. a. Sí, se la voy a servir.   (b.) No, no se lo voy a servir.

6. (a.) Sí, se lo voy a servir.   b. No, no se la voy a servir.

6   **Cambiar**   Repeat each statement, replacing the direct object noun with a pronoun. (*6 items*)

> **modelo**
> María te hace ensalada.
> María te la hace.

7   **Preguntas**   Answer each question using the cue you hear and object pronouns. Repeat the correct response after the speaker. (*5 items*)

> **modelo**
> ¿Me recomienda usted los mariscos? (sí)
> Sí, se los recomiendo.

8 ESTUDIANTE 1

Regalos de Navidad Tú y tu compañero/a tienen una parte de la lista de los regalos de Navidad (*Christmas gifts*) que Berta pidió y los regalos que sus parientes le compraron. Conversen para completar sus listas.

> **modelo**
>
> **Estudiante 1:** ¿Qué le pidió Berta a su mamá?
> **Estudiante 2:** Le pidió una computadora. ¿Se la compró?
> **Estudiante 1:** Sí, se la compró.

	Lo que Berta pidió	Lo que sus parientes le compraron
1.	a su mamá:	su mamá: una computadora
2.	a su papá: un estéreo	su papá:
3.	a su abuelita: una bicicleta	su abuelita:
4.	a su tío Samuel:	su tío Samuel: una mochila
5.	a su hermano Raúl:	su hermano Raúl: zapatos de tenis
6.	a su hermanastra: zapatos de tenis	su hermanastra:
7.	a sus tíos Juan y Rebeca: sandalias	sus tíos Juan y Rebeca:
8.	a su prima Nilda:	su prima Nilda: un sombrero

8 ESTUDIANTE 2

 Regalos de Navidad Tú y tu compañero/a tienen una parte de la lista de los regalos de Navidad (*Christmas gifts*) que Berta pidió y los regalos que sus parientes le compraron. Conversen para completar sus listas.

> **modelo**
>
> **Estudiante 1:** ¿Qué le pidió Berta a su mamá?
> **Estudiante 2:** Le pidió una computadora. ¿Se la compró?
> **Estudiante 1:** Sí, se la compró.

	Lo que Berta pidió	Lo que sus parientes le compraron
1.	a su mamá: una computadora	su mamá:
2.	a su papá:	su papá: una radio
3.	a su abuelita:	su abuelita: un suéter
4.	a su tío Samuel: una mochila	su tío Samuel:
5.	a su hermano Raúl: una blusa	su hermano Raúl:
6.	a su hermanastra:	su hermanastra: sandalias
7.	a sus tíos Juan y Rebeca:	sus tíos Juan y Rebeca: un libro
8.	a su prima Nilda: una camisa	su prima Nilda:

2.3 Comparisons

1 **¿Cómo se comparan?** Complete the sentences with the Spanish of the comparison in parentheses.

1. Puerto Rico es ___más pequeño que___ (*smaller than*) Guatemala.

2. Felipe corre ___más rápido que___ (*faster than*) su amigo Juan Carlos.

3. Los champiñones son ___tan ricos/deliciosos/sabrosos/buenos como___ (*as tasty as*) los espárragos.

4. Los jugadores de baloncesto son ___más altos que___ (*taller than*) los otros estudiantes.

5. Laura es ___más trabajadora que___ (*more hard-working than*) su novio Pablo.

6. Marisol es ___menos inteligente que___ (*less intelligent than*) su hermana mayor.

7. La nueva novela de ese escritor es ___tan mala como___ (*as bad as*) su primera novela.

8. Agustín y Mario están ___menos gordos que___ (*less fat than*) antes.

2 **Lo obvio** Your friend Francisco is always sharing his opinions with you, even though his comparisons are always painfully obvious. Write sentences that express his opinions, using the adjectives in parentheses.

> **modelo**
> (inteligente) Albert Einstein / Homer Simpson
> Albert Einstein es más inteligente que Homer Simpson.

1. (famoso) Mariah Carey / mi hermana

   Mariah Carey es más famosa que mi hermana.

2. (difícil) estudiar química orgánica / leer una novela

   Estudiar química orgánica es más difícil que leer una novela./Es más difícil estudiar química orgánica que leer una novela.

3. (malo) el tiempo en Boston / el tiempo en Florida

   El tiempo en Boston es peor que el tiempo en Florida./El tiempo es peor en Boston que en Florida.

4. (barato) los restaurantes elegantes / los restaurantes de comida rápida

   Los restaurantes elegantes son menos baratos que los restaurantes de comida rápida.

5. (viejo) mi abuelo / mi sobrino

   Mi abuelo es mayor que mi sobrino.

3 **¿Por qué?** Complete the sentences with the correct comparisons.

> **modelo**
> Darío juega mejor al fútbol que tú.
> Es porque Darío *practica más que tú.*

1. Mi hermano es más gordo que mi padre. Es porque mi hermano come ___más que mi padre/más que él___.

2. Natalia conoce más países que tú. Es porque Natalia viaja ___más que tú___.

3. Estoy más cansado que David. Es porque duermo ___menos que David/menos que él___.

4. Rolando tiene más hambre que yo. Va a comer ___más que yo___.

5. Mi vestido favorito es más barato que el tuyo. Voy a pagar ___menos que tú___.

6. Julia gana más dinero que Lorna. Es porque Julia trabaja ___más que Lorna/más que ella___.

4 **Comparaciones** Form complete sentences using one word from each column. Answers will vary.

la carne	bueno	el aceite
la comida rápida	caro	el almuerzo
el desayuno	malo	las chuletas de cerdo
la fruta	pequeño	la ensalada
la mantequilla	rico	los entremeses
el pollo	sabroso	el pescado

> *modelo*
> La carne es más cara que el pescado.

1. _____   4. _____

2. _____   5. _____

3. _____   6. _____

5 **Tan... como** Compare Jorge and Marcos using comparisons of equality and the following words. Be creative in your answers. Answers will vary.

alto	delgado	inteligente
bueno	guapo	joven

Marcos

Jorge

> *modelo*
> Marcos no es tan inteligente como Jorge.

1. _____   4. _____

2. _____   5. _____

3. _____   6. _____

6 **¿Más o menos?** Read the pairs of sentences. Then write a new sentence comparing the first item to the second one.

> *modelo*
> Ese hotel tiene cien habitaciones. El otro hotel tiene cuarenta habitaciones.
> Ese hotel tiene más habitaciones que el otro.

1. La biblioteca tiene ciento cincuenta sillas. El laboratorio de lenguas tiene treinta sillas.

   La biblioteca tiene más sillas que el laboratorio de lenguas.

2. Ramón compró tres corbatas. Roberto compró tres corbatas.

   Ramón compró tantas corbatas como Roberto.

3. Yo comí un plato de pasta. Mi hermano comió dos platos de pasta.

   Yo comí menos (pasta) que mi hermano.

4. Anabel durmió ocho horas. Amelia durmió ocho horas.

   Anabel durmió tanto como Amelia./Anabel durmió tantas horas como Amelia.

5. Mi primo toma seis clases. Mi amiga Tere toma ocho clases.

   Mi primo toma menos clases que mi amiga Tere.

7   **Seleccionar** You will hear a series of descriptions. Choose the statement that expresses the correct comparison.

1. a. Yo tengo más dinero que Rafael.

   (b.) Yo tengo menos dinero que Rafael.

2. (a.) Elena es mayor que Juan.

   b. Elena es menor que Juan.

3. a. Enrique come más hamburguesas que José.

   (b.) Enrique come tantas hamburguesas como José.

4. (a.) La comida de la Fonda es mejor que la comida del Café Condesa.

   b. La comida de la Fonda es peor que la comida del Café Condesa.

5. a. Las langostas cuestan tanto como los camarones.

   (b.) Los camarones cuestan menos que las langostas.

8   **Comparar** Look at each drawing and answer the question you hear with a comparative statement. Repeat the correct response after the speaker.

1.   **Ricardo**   **Sara**   2.   **Héctor**   **Alejandro**

3.   **Leonor**   **Melissa**

9   **Al contrario** You are babysitting Anita, a small child, who starts boasting about herself and her family. Respond to each statement using a comparative of equality. Then repeat the correct answer after the speaker. (*6 items*)

> *modelo*
> Mi mamá es más bonita que tu mamá.
> Al *contrario, mi mamá es tan bonita como tu mamá.*

    Lección 2 Audio Activities   **51**

Lección 2

Audio Activities

2.4 Superlatives

1 **El mejor...** Complete each case with the appropriate information. Form complete sentences using the superlatives. Answers will vary. Sample answers:

> **modelo**
>
> el restaurante _____ / bueno / ciudad
> **El restaurante Dalí es el mejor restaurante de la ciudad.**

1. la película _____ / mala / la historia del cine
   La película *Cobardes* es la peor de la historia del cine.

2. la comida _____ / sabrosa / todas
   La comida mexicana es la más sabrosa de todas.

3. mi _____ / joven / mi familia
   Mi sobrino es el más joven de mi familia.

4. el libro _____ / interesante / biblioteca
   El libro *Don Quijote de la Mancha* es el más interesante de la biblioteca.

5. las vacaciones de _____ / buenas / año
   Las vacaciones de verano son las mejores del año.

2 **Facilísimo** Rewrite each sentence, using absolute superlatives.

1. Miguel y Maru están muy cansados. Miguel y Maru están cansadísimos.

2. Felipe es muy joven. Felipe es jovencísimo.

3. Jimena es muy inteligente. Jimena es inteligentísima.

4. La madre de Marissa está muy contenta. La madre de Marissa está contentísima.

5. Estoy muy aburrido. Estoy aburridísimo.

3 **Compárate** Compare yourself with the members of your family and the students in your class. Write at least two complete sentences using comparisons of equality and inequality, superlatives, and absolute superlatives. Answers will vary.

> **modelo**
>
> En mi familia, yo soy más bajo que mi hermano.

_____

_____

> **modelo**
>
> En mi clase, mi amigo Evan es tan inteligente como yo.

_____

_____

_____

Síntesis

Interview a friend or a relative and ask him or her to describe two restaurants where he or she recently ate.

- How was the quality of the food at each restaurant?
- How was the quality of the service at each restaurant?
- How did the prices of the two restaurants compare?
- What did his or her dining companions think about the restaurants?
- How was the ambience different at each restaurant?
- How convenient are the restaurants? Are they centrally located? Are they accessible by public transportation? Do they have parking?

When you are finished with the interview, write up a comparison of the two restaurants based on the information you collected. Use lesson vocabulary and as many different types of comparisons and superlative phrases as possible in your report. Answers will vary.

_____

_____

_____

_____

_____

_____

_____

_____

_____

_____

_____

_____

_____

_____

_____

_____

_____

Lección 2

4 **Superlativos** You will hear a series of descriptions. Choose the statement that expresses the correct superlative.

1. a. Tus pantalones no son los más grandes de la tienda.
   (b.) Tus pantalones son los más grandes de la tienda.
2. (a.) La camisa blanca es la más bonita del centro comercial.
   b. La camisa blanca no es tan bonita como otras camisas de la tienda.
3. a. Las rebajas del centro comercial son peores que las rebajas de la tienda.
   (b.) En el centro comercial puedes encontrar las mejores rebajas.
4. (a.) El vestido azul es el más caro de la tienda.
   b. El vestido azul es el más barato de la tienda.
5. (a.) Sebastián es el mejor vendedor de la tienda.
   b. Sebastián es el peor vendedor de la tienda.

5 **Preguntas** Answer each question you hear using the absolute superlative. Repeat the correct response after the speaker. (*6 items*)

> **modelo**
>
> La comida de la cafetería es mala, ¿no?
> Sí, *es malísima*.

6 **Anuncio** Listen to this advertisement. Then read the statements and decide whether they are **cierto** or **falso**.

	Cierto	Falso
1. Ningún almacén de la ciudad es tan grande como El Corte Inglés.	⊘	○
2. La mejor ropa es siempre carísima.	○	⊘
3. Los zapatos de El Corte Inglés son muy elegantes.	⊘	○
4. En El Corte Inglés gastas menos dinero y siempre tienes muy buena calidad.	⊘	○
5. El horario de El Corte Inglés es tan flexible como el horario de otras tiendas del centro.	○	⊘

Audio Activities

7   **Completar**   Con la información en esta hoja, completa las oraciones en tu libro de texto acerca de (*about*) José, Ana y sus familias con palabras de la lista.

NOMBRE: José Valenzuela Carranza

NACIONALIDAD: venezolano

CARACTERÍSTICAS: 5'6", 34 años, moreno y muy, muy guapo

PROFESIÓN: periodismo; premio (*award*) Mejor Periodista de la Ciudad

FAMILIA: Abuelo (98 años), abuela (89 años), mamá, papá, 7 hermanas
y hermanos mayores y más altos

GUSTOS: trabajar muchísimo en su profesión y leer literatura
ir a muchas fiestas, bailar y cantar
viajar por todo el mundo
jugar al baloncesto con sus hermanos (pero juega demasiado mal)
estar con Fifí, una perra (*dog f.*) refinadísima, pero muy antipática

---

NOMBRE: Ana Orozco Hoffman

NACIONALIDAD: mexicana

CARACTERÍSTICAS: 5'9", 38 años, morena de ojos azules

PROFESIÓN: economía

FAMILIA: Mamá, papá, madrastra, dos medios hermanos,
Jorge de 11 años y Mauricio de 9

GUSTOS: viajar
jugar al baloncesto (#*1* del estado), nadar, bucear y esquiar
hablar alemán
jugar juegos (*games*) electrónicos con sus hermanitos
(No juega mal. Jorge es excelente.)

Escritura

Estrategia
Expressing and supporting opinions

Written reviews are just one of the many kinds of writing which require you to state your opinions. In order to convince your reader to take your opinions seriously, it is important to support them as thoroughly as possible. Details, facts, examples, and other forms of evidence are necessary. In a restaurant review, for example, it is not enough just to rate the food, service, and atmosphere. Readers will want details about the dishes you ordered, the kind of service you received, and the type of atmosphere you encountered. If you were writing a concert or album review, what kinds of details might your readers expect to find?

It is easier to include details that support your opinions if you plan ahead. Before going to a place or event that you are planning to review, write a list of questions that your readers might ask. Decide which aspects of the experience you are going to rate and list the details that will help you decide upon a rating. You can then organize these lists into a questionnaire and a rating sheet. Bring these forms with you to help you form your opinions and to remind you of the kinds of information you need to gather in order to support these opinions. Later, these forms will help you organize your review into logical categories. They can also provide the details and other evidence you need to convince your readers of your opinions.

Tema
Escribir una crítica

Antes de escribir

1. Vas a escribir una crítica culinaria (*restaurant review*) sobre un restaurante local. Antes de escribirla, tienes que preparar un cuestionario y una hoja de evaluación (*rating sheet*) para formar tus opiniones y para recordar la información que vas a incluir en tu crítica del restaurante.

2. Trabaja con un(a) compañero/a de clase para crear un cuestionario. Pueden usar las siguientes preguntas u otras de su propia invención. Deben incluir las cuatro categorías indicadas.

   ▶ La comida
   ¿Qué tipo de comida es? ¿Qué tipo de ingredientes usan? ¿Es de buena calidad? ¿Cuál es el mejor plato? ¿Y el peor? ¿Quién es el chef?

   ▶ El servicio
   ¿Es necesario esperar mucho por una mesa? ¿Tienen los camareros un buen conocimiento del menú? ¿Atienden a los clientes con rapidez (*speed*) y cortesía?

   ▶ El ambiente (*atmosphere*)
   ¿Cómo es la decoración del restaurante? ¿Es el ambiente informal o elegante? ¿Hay música o algún tipo de entretenimiento (*entertainment*)?

   ▶ Información práctica
   ¿Cómo son los precios? ¿Se aceptan tarjetas de crédito? ¿Cuál es la dirección y el número de teléfono? ¿Quién es el/la dueño/a? ¿El/La gerente?

3. Después de escribir el cuestionario, usen las cuatro categorías y la lista de preguntas para crear una hoja de evaluación. Un restaurante recibe cinco estrellas (*stars*) si es buenísimo; recibe sólo una estrella si es malísimo. Miren este ejemplo de cómo se puede organizar una hoja de evaluación.

4. Después de crear la hoja de evaluación, úsala para evaluar un restaurante que conoces. Si lo conoces muy bien, quizás no es necesario comer allí para completar la hoja de evaluación. Si no lo conoces muy bien, debes comer en el restaurante y usar la hoja de evaluación para comentar tu experiencia. Trata de incluir comparativos y superlativos cuando escribas tus comentarios y opiniones.

Nombre del restaurante:	Número de estrellas:
1. La comida	
Tipo:	
Ingredientes:	
Calidad:	
Mejor plato:	
Peor plato:	
Datos (*Facts*) sobre el/la chef:	

Escribir

Usa la hoja de evaluación que completaste para escribir tu crítica culinaria. Escribe seis párrafos cortos:

1. una introducción para indicar tu opinión general del restaurante y el número de estrellas que recibió

2. una descripción de la comida

3. una descripción del servicio

4. una descripción del ambiente

5. un párrafo para dar información práctica sobre el restaurante

6. una conclusión para recalcar (*to stress*) tu opinión y dar una sugerencia para mejorar el restaurante

Después de escribir

1. Intercambia tu borrador con un(a) compañero/a de clase. Coméntalo y contesta estas preguntas.

   ▶ ¿Escribió tu compañero/a una introducción con una evaluación general del restaurante?

   ▶ ¿Escribió tu compañero/a párrafos sobre la comida, el servicio, el ambiente y uno con información práctica?

   ▶ ¿Escribió tu compañero/a una conclusión con una opinión y una sugerencia para el restaurante?

   ▶ ¿Usó tu compañero/a comparativos y superlativos para describir el restaurante?

   ▶ ¿Qué detalles añadirías (*would you add*)? ¿Qué detalles quitarías (*would you delete*)? ¿Qué otros comentarios tienes para tu compañero/a?

2. Revisa tu narración según los comentarios de tu compañero/a. Después de escribir la versión final, léela otra vez para eliminar errores de:

   ▶ ortografía

   ▶ puntuación

   ▶ uso de letras mayúsculas y minúsculas

   ▶ concordancia entre sustantivos y adjetivos

   ▶ uso de verbos en el presente de indicativo (*present tense*)

   ▶ uso de verbos en el pretérito

   ▶ uso de comparativos y superlativos

Lección 2

Writing Activities

La comida latina

Antes de ver el video

1 **Más vocabulario** Look over these useful words before you watch the video.

Vocabulario útil		
el arroz congrí *mixed rice and beans from Cuba*	**el frijol** *bean*	**la rebanada** *slice*
el azafrán *saffron*	**el perejil** *parsley*	**el taco al pastor** *Shepherd-style taco*
la carne molida *ground beef*	**el picadillo a la habanera** *Cuban-style ground beef*	**la torta al pastor** *traditional sandwich from Tijuana*
la carne picada *diced beef*	**el plátano** *banana*	
el cerdo *pork*	**el pollo** *chicken*	**la ropa vieja** *Cuban shredded beef*

2 **¡En español!** Look at the video still. Imagine what Leticia will say about **la comida latina** in Los Angeles, and write a two- or three-sentence introduction to this episode. Answers will vary.

Leticia, Estados Unidos

¡Hola! Soy Leticia Arroyo desde Los Ángeles. Hoy vamos a

hablar sobre… _____

_____

_____

_____

_____

_____

_____

Mientras ves el video

3 **Completar** (04:15–04:48) Watch Leticia ask other customers in the restaurant for recommendations and complete this conversation.

LETICIA Señoritas, ¿qué estamos (1)_____comiendo_____ de rico?

CLIENTE 1 Mojito.

LETICIA ¿Y de qué se trata el (2)_____plato_____?

CLIENTE 1 Es pollo con cebolla, arroz blanco, (3)_____frijoles_____ negros y plátanos fritos. Es delicioso.

LETICIA Rico. ¿Y el tuyo?

CLIENTE 2 Yo estoy comiendo (4)_____arroz_____ con pollo, que es arroz amarillo, pollo y plátanos fritos.

LETICIA ¿Y otras cosas en el (5)_____menú_____ que están ricas también?

CLIENTE 2 A mí me (6)_____encanta_____ la ropa vieja.

4 **Ordenar** Put these events in the correct order.

___3___ a. Toma un café en el restaurante cubano.

___4___ b. Leticia habla con el gerente (*manager*) de un supermercado.

___2___ c. Leticia come picadillo, un plato típico cubano.

___1___ d. La dueña de una taquería mexicana le muestra a Leticia diferentes platos mexicanos.

___5___ e. Leticia compra frutas y verduras en un supermercado hispano.

Después de ver el video

5 **Emparejar** Match these expressions to the appropriate situations.

___b___ 1. ¿Qué me recomienda?   ___c___ 4. ¿Está listo/a para ordenar?

___e___ 2. ¡Se me hace agua la boca!   ___a___ 5. A la orden.

___d___ 3. ¡Que se repita!

a. Eres un(a) empleado/a de una tienda. Ayudaste a un(a) cliente/a a hacer una compra. Él/Ella te dice gracias. ¿Qué le respondes?

b. Estás en un restaurante. Miraste el menú, pero todavía no sabes qué quieres comer. ¿Qué le dices al/a la camarero/a?

c. El/La camarero/a te dio el menú hace cinco minutos y ahora se acerca para preguntarte si sabes lo que quieres pedir. ¿Qué pregunta te hace?

d. Terminas de comer y pagas, estás muy contento/a por la comida y el servicio que recibiste. ¿Qué le dices al/a la camarero/a?

e. Acabas de entrar en un supermercado. Tienes mucha hambre y ves unos postres que te parecen (*seem*) deliciosos. ¿Qué dices?

6 **Un plato típico** Research one of these typical dishes or drinks from the Hispanic world. Find out about its ingredients, where it is typical, and any other information that you find interesting.

Answers will vary.

ropa vieja	picadillo a la habanera	horchata
Inca Kola	malta Hatuey	mate

_____

_____

_____

_____

_____

_____

_____

Lección 2 Flash cultura Video Activities

Panorama

Guatemala

1 **Guatemala** Complete the sentences with the correct words.

1. La _____moneda_____ de Guatemala recibe su nombre de un pájaro que simboliza la libertad.

2. Un _____cuarenta_____ por ciento de la población guatemalteca tiene una lengua materna diferente del español.

3. El _____diseño_____ y los colores de cada *huipil* indican el pueblo de origen de la persona que lo lleva.

4. El _____quetzal_____ es un pájaro en peligro de extinción.

5. La civilización maya inventó un _____calendario_____ complejo y preciso.

6. La ropa tradicional refleja el amor de la cultura maya por la _____naturaleza_____.

2 **Preguntas** Answer the questions with complete sentences. Answers will vary. Suggested answers:

1. ¿Cuál es un cultivo de mucha importancia en la cultura maya? _____

El maíz es un cultivo de mucha importancia en la cultura maya.

2. ¿Quién es Miguel Ángel Asturias? _____

Miguel Ángel Asturias es un escritor guatemalteco célebre.

3. ¿Qué países limitan con (*border*) Guatemala? _____

México, Belice, El Salvador y Honduras limitan con Guatemala.

4. ¿Hasta cuándo fue la Antigua Guatemala una capital importante? ¿Qué pasó? _____

La Antigua Guatemala fue una capital importante hasta 1773, cuando un terremoto la destruyó.

5. ¿Por qué simbolizó el quetzal la libertad para los mayas? _____

El quetzal simbolizó la libertad para los mayas porque creían que este pájaro no podía vivir en cautiverio.

6. ¿Qué hace el gobierno para proteger al quetzal? _____

El gobierno mantiene una reserva ecológica especial para proteger al quetzal.

3 **Fotos de Guatemala** Label each photo.

1. _____el quetzal_____

2. _____el huipil/los huipiles_____

4 **Comparar** Read the sentences about Guatemala. Then rewrite them, using comparisons and superlatives. Do not change the meaning.

> **modelo**
> La Ciudad de Guatemala no es una ciudad pequeña.
> La Ciudad de Guatemala es la más grande del país.

1. El área de Guatemala no es más grande que la de Tennessee.

   El área de Guatemala es más pequeña que la de Tennessee.

2. Un componente muy interesante de las telas (*fabrics*) de Guatemala es el mosquito.

   Un componente interesantísimo de las telas de Guatemala es el mosquito.

3. Las lenguas mayas no se hablan tanto como el español.

   Las lenguas mayas se hablan menos que el español.

4. Rigoberta Menchú no es mayor que Margarita Carrera.

   Rigoberta Menchú es menor que Margarita Carrera.

5. La celebración de la Semana Santa en la Antigua Guatemala es importantísima para muchas personas.

   La celebración de la Semana Santa en Antigua Guatemala es la más importante (del hemisferio) para muchas personas.

5 **¿Cierto o falso?** Indicate whether the statements about Guatemala are **cierto** or **falso**. Correct the false statements.

1. Rigoberta Menchú ganó el Premio Nobel de la Paz en 1992.

   Cierto.

2. La lengua materna de muchos guatemaltecos es una lengua inca.

   Falso. La lengua materna de muchos guatemaltecos es una lengua maya.

3. La civilización de los mayas no era avanzada.

   Falso. La civilización de los mayas era muy avanzada.

4. Guatemala es un país que tiene costas en dos océanos.

   Cierto.

5. Hay muchísimos quetzales en los bosques de Guatemala.

   Falso. Los quetzales están en peligro de extinción.

6. La civilización maya descubrió y usó el cero antes que los europeos.

   Cierto.

Lección 2

Panorama: Guatemala

Antes de ver el video

1 **Más vocabulario** Look over these useful words and expressions before you watch the video.

Vocabulario útil		
alfombra *carpet*	destruir *to destroy*	ruinas *ruins*
artículos *items*	época colonial *colonial times*	sobrevivir *to survive*
calle *street*	indígenas *indigenous people*	terremoto *earthquake*

2 **Describir** In this video you are going to learn about an open-air market that takes place in Guatemala. In Spanish, describe one open-air market that you have been to or that you know about.

Answers will vary.

mercado: _____

_____

_____

_____

_____

3 **Categorías** Categorize the words listed in the word bank.

bonitas	espectaculares	indígenas	quieres
calles	grandes	mercado	región
colonial	habitantes	monasterios	sentir
conocer	iglesias	mujeres	vieja

Lugares	Personas	Verbos	Adjetivos
calles	habitantes	conocer	bonitas
iglesias	indígenas	quieres	colonial
mercado	mujeres	sentir	espectaculares
monasterios			grandes
región			vieja

Mientras ves el video

4 **Marcar** Check off what you see while watching the video.

✔ 1. fuente (*fountain*)
✔ 2. hombres con vestidos morados
____ 3. mujer bailando
✔ 4. mujer llevando bebé en el mercado
✔ 5. mujeres haciendo alfombras de flores

✔ 6. niñas sonriendo
____ 7. niño dibujando
✔ 8. personas hablando
✔ 9. ruinas
____ 10. turista mirando el paisaje

Después de ver el video

5 **Completar** Complete the sentences with words from the word bank.

> aire libre   alfombras   atmósfera   fijo   indígenas   regatear

1. En Semana Santa las mujeres hacen _____alfombras_____ con miles de flores.

2. En Chichicastenango hay un mercado al _____aire libre_____ los jueves y domingos.

3. En el mercado los artículos no tienen un precio _____fijo_____.

4. Los clientes tienen que _____regatear_____ cuando hacen sus compras.

5. En las calles de Antigua, los turistas pueden sentir la _____atmósfera_____ del pasado.

6. Muchos _____indígenas_____ de toda la región van al mercado a vender sus productos.

6 **¿Cierto o falso?** Indicate whether each statement is **cierto** or **falso**. Correct the false statements.

1. Antigua fue la capital de Guatemala hasta 1773.
   Cierto

2. Una de las celebraciones más importantes de Antigua es la de la Semana Santa.
   Cierto

3. En esta celebración, muchas personas se visten con ropa de color verde.
   Falso. En esta celebración muchas personas se visten con ropa de color morado.

4. Antigua es una ciudad completamente moderna. Falso. En Antigua (todavía) hay ruinas de la vieja capital/hay
   muchas iglesias y monasterios de arquitectura colonial/se puede sentir la atmósfera del pasado.

5. Chichicastenango es una ciudad mucho más grande que Antigua.
   Falso. Chichicastenango es más pequeña que Antigua.

6. El terremoto de 1773 destruyó todas las iglesias y monasterios en Antigua.
   Falso. Muchas iglesias y monasterios sobrevivieron al terremoto.

7 **Comparar** Write four sentences comparing the cities Antigua and Chichicastenango. Answers will vary.

_____

_____

_____

_____

_____

Lección 2

Video Activities: *Panorama cultural*

Contextos

1 Identificar Label the following terms as **estado civil**, **fiesta**, or **etapa de la vida**.

1. casada _____ estado civil _____

2. adolescencia _____ etapa de la vida _____

3. viudo _____ estado civil _____

4. juventud _____ etapa de la vida _____

5. Navidad _____ fiesta _____

6. niñez _____ etapa de la vida _____

7. vejez _____ etapa de la vida _____

8. aniversario de bodas _____ fiesta _____

9. divorciado _____ estado civil _____

10. madurez _____ etapa de la vida _____

11. cumpleaños _____ fiesta _____

12. soltera _____ estado civil _____

2 Línea cronológica Label the stages of life on the timeline.

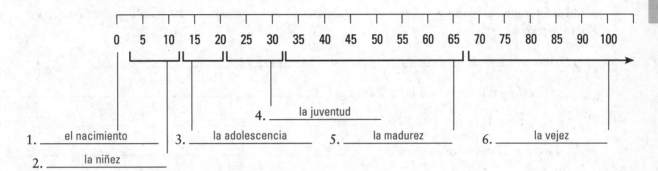

1. _____ el nacimiento _____

2. _____ la niñez _____

3. _____ la adolescencia _____

4. _____ la juventud _____

5. _____ la madurez _____

6. _____ la vejez _____

3 Escribir Fill in the blanks with the stage of life in which these events would normally occur.

1. jubilarse _____ la vejez/la madurez _____

2. graduarse de la universidad _____ la juventud _____

3. cumplir nueve años _____ la niñez _____

4. conseguir el primer trabajo _____ la juventud _____

5. graduarse de la escuela secundaria _____ la adolescencia _____

6. morir o quedar viudo _____ la vejez _____

7. casarse (por primera vez) _____ la juventud _____

8. tener un hijo _____ la juventud _____

9. celebrar el aniversario de bodas número cincuenta _____ la vejez _____

10. tener la primera cita _____ la adolescencia _____

4 **Información personal** Read the descriptions and answer the questions.

"Me llamo Jorge Rosas. Nací el 26 de enero de 1952. Mi esposa murió el año pasado. Tengo dos hijos: Marina y Daniel. Terminé mis estudios de sociología en la Universidad Interamericana en 1974. Me voy a jubilar este año. Voy a celebrar este evento con una botella de champán".

1. ¿Cuál es la fecha de nacimiento de Jorge? el 26 de enero de 1952

2. ¿Cuál es el estado civil de Jorge? viudo

3. ¿En qué etapa de la vida está Jorge? en la madurez

4. ¿Cuándo es el cumpleaños de Jorge? el 26 de enero

5. ¿Cuándo se graduó Jorge? en 1974

6. ¿Cómo va a celebrar la jubilación (*retirement*) Jorge? con una botella de champán

"Soy Julia Jiménez. Nací el 11 de marzo de 1982. Me comprometí a los veinte años, pero rompí con mi novio antes de casarme. Ahora estoy saliendo con un músico cubano. Soy historiadora del arte desde que terminé mi carrera (*degree*) en la Universidad de Salamanca en 2004. Mi postre favorito es el flan de caramelo".

7. ¿Cuál es la fecha de nacimiento de Julia? el 11 de marzo de 1982

8. ¿Cuál es el estado civil de Julia? soltera

9. ¿En qué etapa de la vida está Julia? en la juventud

10. ¿Cuándo es el cumpleaños de Julia? el 11 de marzo

11. ¿Cuándo se graduó Julia? en 2004

12. ¿Qué postre le gusta a Julia? el flan de caramelo

"Me llamo Manuel Blanco y vivo en Caracas. Mi esposa y yo nos comprometimos a los veintiséis años, y la boda fue dos años después. Pasaron quince años y tuvimos tres hijos. Me gustan mucho los dulces".

13. ¿Dónde vive Manuel? en Caracas

14. ¿En qué etapa de la vida se comprometió Manuel? en la juventud

15. ¿A qué edad se casó Manuel? a los veintiocho años

16. ¿Cuál es el estado civil de Manuel? casado

17. ¿Cuántos hijos tiene Manuel? tres

18. ¿Qué postre le gusta a Manuel? los dulces

Lección 3

5 **¿Lógico o ilógico?** You will hear some statements. Decide if they are **lógico** or **ilógico**.

1. Lógico   (Ilógico)   5. Lógico   (Ilógico)
2. (Lógico)   Ilógico   6. (Lógico)   Ilógico
3. (Lógico)   Ilógico   7. (Lógico)   Ilógico
4. Lógico   (Ilógico)   8. Lógico   (Ilógico)

6 **Escoger** For each drawing, you will hear three statements. Choose the one that corresponds to the drawing.

1. a.   b.   (c.)   2. a.   (b.)   c.

3. (a.)   b.   c.   4. a.   b.   (c.)

7 **Una celebración** Listen as señora Jiménez talks about a party she has planned. Then answer the questions.

1. ¿Para quién es la fiesta?

   La fiesta es para Martín, su hijo.

2. ¿Cuándo es la fiesta?

   La fiesta es el viernes a las ocho y media.

3. ¿Por qué hacen la fiesta?

   Porque él/Martín/su hijo se gradúa.

4. ¿Quiénes van a la fiesta?

   La familia y los amigos (de la universidad) de Martín van a la fiesta.

5. ¿Qué van a hacer los invitados en la fiesta?

   Los invitados van a cenar, a bailar y a comer pastel.

Lección 3

Audio Activities

8 **Encuesta** Haz las preguntas de la hoja a dos o tres compañeros/as de clase para saber qué actitudes tienen en sus relaciones personales. Luego comparte los resultados de la encuesta (*survey*) con la clase y comenta tus conclusiones.

Preguntas	Nombres	Actitudes
1. ¿Te importa la amistad? ¿Por qué?		
2. ¿Es mejor tener un(a) buen(a) amigo/a o muchos/as amigos/as?		
3. ¿Cuáles son las características que buscas en tus amigos/as?		
4. ¿A qué edad es posible enamorarse?		
5. ¿Deben las parejas hacer todo juntos? ¿Deben tener las mismas opiniones? ¿Por qué?		

El Día de Muertos

Antes de ver el video

1   **La celebración**   In this episode, the Díaz family celebrates the Day of the Dead. What kind of things do you expect to see?   Answers will vary.

_____
_____
_____
_____
_____
_____
_____

Mientras ves el video

2   **Ordenar**   Put the following events in order.

_3_ a. La tía Ana María le dice a Marissa cómo se enamoraron sus papás.

_5_ b. El señor Díaz brinda por los abuelos de la familia.

_2_ c. Marissa prueba el mole que prepara la tía Ana María.

_1_ d. Maite Fuentes habla del Día de Muertos en la televisión.

_4_ e. Jimena pregunta dónde puso las galletas y el pastel.

3   **¿Qué ves?**   Place a check mark beside each thing you see.

____ 1. una botella de vino   ✔ 5. calaveras de azúcar   ____ 9. un regalo de Navidad

✔ 2. una foto de boda   ____ 6. una fiesta de quinceañera   ____ 10. helados

____ 3. una graduación   ✔ 7. galletas   ✔ 11. un altar

✔ 4. flores   ✔ 8. bolsas   ____ 12. un flan

4   **¿Quién lo dijo?**   Write a name next to each sentence to indicate who says it.

_____Marissa_____ 1. Su familia es muy interesante.

_____Maite Fuentes_____ 2. El Día de Muertos se celebra en México el primero y el dos de noviembre.

_____don Diego_____ 3. ¡Estoy seguro que se lo van a pasar bien!

_____tía Ana María_____ 4. Al principio, mi abuela no quiso aceptar el matrimonio.

Lección 3

Video Activities: *Fotonovela*

Lección 3 Fotonovela Video Activities

Después de ver el video

Lección 3

5 **Corregir** Rewrite these sentences to reflect what took place.

1. El Día de Muertos se celebra con flores, calaveras de azúcar, música y champán.

   El Día de Muertos se celebra con flores, calaveras de azúcar, música y comida.

2. El mole siempre fue el plato favorito de la mamá de la tía Ana María.

   El mole siempre fue el plato favorito del papá de la tía Ana María.

3. Jimena intentó preparar mole para la fiesta de aniversario de sus tíos.

   Jimena intentó preparar mole para la fiesta de aniversario de sus papás.

4. La tía Ana María se casó con un ingeniero que trabaja muchísimo.

   La tía Ana María se casó con un doctor que trabaja muchísimo.

5. Felipe y su papá prepararon pastel de chocolate para la familia.

   Felipe y su papá prepararon una sorpresa para la familia.

6. A Valentina le gusta el helado.

   A Valentina le gustan las galletas.

6 **Eventos importantes** Describe in Spanish the three most important events in this episode and explain your choices.   Answers will vary.

_____

_____

_____

_____

_____

_____

_____

7 **Preguntas personales** Answer these questions in Spanish. Answers will vary.

1. ¿Qué días de fiesta celebras con tu familia? _____

_____

2. De los días de fiesta, ¿cuál es tu favorito? ¿Por qué? _____

_____

3. ¿Qué haces el Día de Acción de Gracias? _____

_____

4. ¿Cómo celebras tu cumpleaños? ¿Te gusta recibir regalos? _____

_____

Video Activities: *Fotonovela*

Pronunciación

The letters **h**, **j**, and **g**

The Spanish **h** is always silent.

| **h**elado | **h**ombre | **h**ola | **h**ermosa |

The letter **j** is pronounced much like the English *h* in *his*.

| **J**osé | **j**ubilarse | de**j**ar | pare**j**a |

The letter **g** can be pronounced three different ways. Before **e** or **i**, the letter **g** is pronounced much like the English *h*.

| a**g**encia | **g**eneral | **G**il | **G**isela |

At the beginning of a phrase or after the letter **n**, the Spanish **g** is pronounced like the English *g* in *girl*.

Gustavo, **g**racias por llamar el domin**g**o.

In any other position, the Spanish **g** has a somewhat softer sound.

Me **g**radué en a**g**osto.

In the combinations **gue** and **gui**, the **g** has a hard sound and the **u** is silent. In the combination **gua**, the **g** has a hard sound and the **u** is pronounced like the English *w*.

| **gue**rra | conse**gui**r | **gua**ntes | a**gua** |

1 **Práctica** Repeat each word after the speaker to practice pronouncing **h**, **j**, and **g**.

1. hamburguesa	4. guapa	7. espejo	10. gracias	13. Jorge
2. jugar	5. geografía	8. hago	11. hijo	14. tengo
3. oreja	6. magnífico	9. seguir	12. galleta	15. ahora

2 **Oraciones** When you hear the number, read the corresponding sentence aloud. Then listen to the speaker and repeat the sentence.

1. Hola. Me llamo Gustavo Hinojosa Lugones y vivo en Santiago de Chile.
2. Tengo una familia grande; somos tres hermanos y tres hermanas.
3. Voy a graduarme en mayo.
4. Para celebrar mi graduación, mis padres van a regalarme un viaje a Egipto.
5. ¡Qué generosos son!

3 **Refranes** Repeat each saying after the speaker to practice pronouncing **h**, **j**, and **g**.

1. A la larga, lo más dulce amarga.   2. El hábito no hace al monje.

4 **Dictado** Victoria is talking to her friend Mirta on the phone. Listen carefully and during the pauses write what she says. The entire passage will then be repeated so that you can check your work.

Mirta, sabes que el domingo es el aniversario de bodas de Héctor y Ángela, ¿no? Sus hijos quieren hacerles una

fiesta grande e invitar a todos sus amigos. Pero a Ángela y a Héctor no les gusta la idea. Ellos quieren salir juntos a

algún restaurante y después relajarse en casa.

Estructura

3.1 Irregular preterites

1 **¿Hay o hubo?** Complete these sentences with the correct tense of **haber**.

1. Ahora _____ hay _____ una fiesta de graduación en el patio de la escuela.

2. _____ Hubo _____ muchos invitados en la fiesta de aniversario anoche.

3. Ya _____ hubo _____ una muerte en su familia el año pasado.

4. Siempre _____ hay _____ galletas y dulces en las fiestas de cumpleaños.

5. _____ Hubo _____ varios entremeses en la cena de ayer.

6. Por las mañanas _____ hay _____ unos postres deliciosos en esa tienda.

2 **¿Cómo fue?** Complete these sentences with the preterite of the verb in parentheses.

1. Cristina y Lara _____ estuvieron _____ (estar) en la fiesta anoche.

2. (yo) _____ Tuve _____ (tener) un problema con mi pasaporte y lo pasé mal en la aduana.

3. Rafaela _____ vino _____ (venir) temprano a la fiesta y conoció a Humberto.

4. El padre de la novia _____ hizo _____ (hacer) un brindis por los novios.

5. Román _____ puso _____ (poner) las maletas en el auto antes de salir.

3 **¿Qué hicieron?** Complete these sentences, using the preterite of **decir**, **conducir**, **traducir**, and **traer**.

1. Felipe y Silvia _____ dijeron _____ que no les gusta ir a la playa.

2. Claudia le _____ tradujo _____ unos papeles al inglés a su hermano.

3. David _____ condujo _____ su motocicleta nueva durante el fin de semana.

4. Rosario y Pepe me _____ trajeron _____ un pastel de chocolate de regalo.

5. Cristina y yo les _____ dijimos _____ a nuestras amigas que vamos a bailar.

4 **Es mejor dar...** Rewrite these sentences in the preterite tense.

1. Antonio le da un beso a su madre.
   Antonio le dio un beso a su madre.

2. Los invitados le dan las gracias a la familia.
   Los invitados le dieron las gracias a la familia.

3. Tú les traes una sorpresa a tus padres.
   Tú les trajiste una sorpresa a tus padres.

4. Rosa y yo le damos un regalo al profesor.
   Rosa y yo le dimos un regalo al profesor.

5. Carla nos trae mucha comida para el viaje.
   Carla nos trajo mucha comida para el viaje.

Lección 3

5 **Combinar** Create logical sentences in the preterite using one element from each column. Notice that, using each word once, there is only one correct match between second and third columns.

Answers will vary. Suggested answers:

Rita y Sara	decir	una cámara
ellos	estar	a este lugar
tú	hacer	un examen
mi tía	poner	galletas
ustedes	producir	una película
Rosa	tener	en Perú
nosotras	traer	la televisión
yo	venir	la verdad

1. Rosa hizo galletas. _____

2. Mi tía estuvo en Perú. _____

3. Yo vine a este lugar. _____

4. Rita y Sara dijeron la verdad. _____

5. Ustedes pusieron la televisión. _____

6. Ellos produjeron una película. _____

7. Nosotras trajimos una cámara. _____

8. Tú tuviste un examen. _____

6 **Ya lo hizo** Your friend Miguel is very forgetful. Answer his questions negatively, indicating that the action has already occurred. Use the phrases or words in parentheses.

> *modelo*
> ¿Quiere Pepe cenar en el restaurante japonés? (restaurante chino)
> *No, Pepe ya cenó en el restaurante chino.*

1. ¿Vas a estar en la biblioteca hoy? (ayer)

No, ya estuve en la biblioteca ayer. _____

2. ¿Quieren dar una fiesta Elena y Sergio este fin de semana? (el sábado pasado)

No, Elena y Sergio ya dieron una fiesta el sábado pasado. _____

3. ¿Debe la profesora traducir esa novela este semestre? (el año pasado)

No, la profesora ya tradujo esa novela el año pasado. _____

4. ¿Va a haber pastel de limón en la cena de hoy? (anoche)

No, ya hubo pastel de limón (en la cena de) anoche. _____

5. ¿Deseas poner los abrigos en la silla? (sobre la cama)

No, ya puse los abrigos sobre la cama. _____

6. ¿Van ustedes a tener un hijo? (tres hijos)

No, ya tuvimos/tenemos tres hijos. _____

Lección 3 Estructura Activities   **73**

7 **Escoger** Listen to each question and choose the most logical response.

1. (a.) No, no conduje hoy.　　　　　　　　b. No, no condujo hoy.
2. a. Te dije que tengo una cita con　　　　(b.) Me dijo que tiene una cita con
　　Gabriela esta noche.　　　　　　　　　　Gabriela esta noche.
3. (a.) Estuvimos en la casa de Marta.　　　b. Estuvieron en la casa de Marta.
4. (a.) Porque tuvo que estudiar.　　　　　b. Porque tiene que estudiar.
5. a. Lo supiste la semana pasada.　　　　(b.) Lo supimos la semana pasada.
6. (a.) Los pusimos en la mesa.　　　　　　b. Los pusiste en la mesa.
7. a. No, sólo tradujimos un poco.　　　　(b.) No, sólo traduje un poco.
8. (a.) Sí, le di $20.　　　　　　　　　　　b. Sí, le dio $20.

8 **Cambiar** Change each sentence from the present to the preterite. Repeat the correct answer after the speaker. (*8 items*)

> *modelo*
> Él pone el flan sobre la mesa.
> Él *puso el flan sobre la mesa.*

9 **Preguntas** Answer each question you hear using the cue. Substitute object pronouns for the direct object when possible. Repeat the correct answer after the speaker.

> *modelo*
> *You hear:* ¿Quién condujo el auto?
> *You see:* yo
> *You say:* Yo lo conduje.

1. Gerardo　　　　　3. nosotros　　　　　5. ¡Felicitaciones!
2. Mateo y Yolanda　4. muy buena　　　　6. mi papá

10 **Llenar** Listen to the dialogue and write the missing words.

(1) _____Supe_____ por un amigo que los Márquez (2) _____vinieron_____ a visitar a su hija. Me (3) _____dijo_____ que (4) _____condujeron_____ desde Antofagasta y que se (5) _____quedaron_____ en el Hotel Carrera. Les (6) _____hice_____ una llamada (*call*) anoche, pero no (7) _____contestaron_____ el teléfono. Sólo (8) _____pude_____ dejarles un mensaje. Hoy ellos me (9) _____llamaron_____ y me (10) _____preguntaron_____ si mi esposa y yo teníamos tiempo para almorzar con ellos. Claro que les (11) _____dije_____ que sí.

11 **Encuesta** Para cada una de las actividades de la lista, encuentra a alguien que hizo esa actividad en el tiempo indicado.

> **modelo**
>
> traer dulces a clase
> **Estudiante 1:** ¿Trajiste dulces a clase?
> **Estudiante 2:** Sí, traje galletas y helado a la fiesta del fin del semestre.

	Actividades	Nombres	Nombres
	1. ponerse un disfraz (*costume*) de Halloween		
	2. traer dulces a clase		
	3. llegar a la escuela en auto		
	4. estar en la biblioteca ayer		
	5. dar un regalo a alguien ayer		
	6. poder levantarse temprano esta mañana		
	7. hacer un viaje a un país hispano en el verano		
	8. ver una película anoche		
	9. ir a una fiesta el fin de semana pasado		
	10. tener que estudiar el sábado pasado		

Lección 3 Communication Activities   **75**

Lección 3   Communication Activities

3.2 Verbs that change meaning in the preterite

1 Completar Complete these sentences with the preterite tense of the verbs in parentheses.

1. Liliana no _____pudo_____ (poder) llegar a la fiesta de cumpleaños de Esteban.

2. Las chicas _____conocieron_____ (conocer) a muchos estudiantes en la biblioteca.

3. Raúl y Marta no _____quisieron_____ (querer) invitar al padre de Raúl a la boda.

4. Lina _____supo_____ (saber) ayer que sus tíos se van a divorciar.

5. (nosotros) _____Pudimos_____ (poder) regalarle una bicicleta a Marina.

6. María _____quiso_____ (querer) romper con su novio antes del verano.

2 Traducir Use these verbs to translate the sentences into Spanish.

> conocer   querer
> poder   saber

1. I failed to finish the book on Wednesday.
   No pude terminar el libro el miércoles.

2. Inés found out last week that Vicente is divorced.
   Inés supo la semana pasada que Vicente es/está divorciado.

3. Her girlfriends tried to call her, but they failed to.
   Sus amigas quisieron llamarla (por teléfono), pero no pudieron.

4. Susana met Alberto's parents last night.
   Susana conoció a los padres de Alberto anoche.

5. The waiters managed to serve dinner at eight.
   Los camareros pudieron servir la cena a las ocho.

6. Your mother refused to go to your brother's house.
   Tu madre no quiso ir a la casa de tu hermano.

3 Raquel y Ronaldo Complete the paragraph with the preterite of the verbs in the word bank.

> conocer   querer
> poder   saber

El año pasado Raquel (1) _____conoció_____ al muchacho que ahora es su esposo, Ronaldo.
Primero, Raquel no (2) _____quiso_____ salir con él porque él vivía (*was living*) en una ciudad
muy lejos de ella. Ronaldo (3) _____quiso_____ convencerla durante muchos meses, pero no
(4) _____pudo_____ hacerlo. Finalmente, Raquel decidió darle una oportunidad a Ronaldo.
Cuando empezaron a salir, Raquel y Ronaldo (5) _____supieron_____ inmediatamente que eran el
uno para el otro (*they were made for each other*). Raquel y Ronaldo (6) _____pudieron_____ comprar
una casa en la misma ciudad y se casaron ese verano.

4   **Identificar** Listen to each sentence and mark an **X** in the column for the subject of the verb.

> *modelo*
> *You hear:* ¿Cuándo lo supiste?
> *You mark:* an **X** under **tú.**

	yo	tú	él/ella	nosotros/as	ellos/ellas
Modelo		X			
1.				X	
2.			X		
3.	X				
4.		X			
5.					X
6.	X				
7.					X
8.			X		

5   **Preguntas** Answer each question you hear using the cue. Substitute object pronouns for the direct object when possible. Repeat the correct response after the speaker.

> *modelo*
> *You hear:* ¿Conocieron ellos a Sandra?
> *You see:* sí
> *You say:* Sí, la conocieron.

1. sí   2. en la casa de Ángela   3. el viernes   4. no   5. no   6. anoche

6   **¡Qué lástima! (*What a shame!*)** Listen as José talks about some news he recently received. Then read the statements and decide whether they are **cierto** or **falso**.

	Cierto	Falso
1. Supieron de la muerte ayer.	○	⊘
2. Se sonrieron cuando oyeron las noticias (*news*).	○	⊘
3. Carolina no se pudo comunicar con la familia.	⊘	○
4. Francisco era (*was*) joven.	⊘	○
5. Mañana piensan llamar a la familia de Francisco.	○	⊘

7   **Relaciones amorosas** Listen as Susana describes what happened between her and Pedro. Then answer the questions.

1. ¿Por qué no pudo salir Susana con Pedro? (No pudo salir con Pedro) Porque pasó toda la noche estudiando.

2. ¿Qué supo por su amiga? Supo que Pedro salió/fue al cine con Mónica esa noche.

3. ¿Cómo se puso Susana cuando Pedro llamó? Se puso muy enojada./Se enojó mucho.

4. ¿Qué le dijo Susana a Pedro? Le dijo que supo que el domingo él salió con Mónica.

Lección 3

Audio Activities

3.3 ¿Qué? and ¿cuál?

1 **¿Qué o cuál?** Complete these sentences with **qué**, **cuál**, or **cuáles**.

1. ¿_Qué_____ estás haciendo ahora?

2. ¿_Qué_____ gafas te gustan más?

3. ¿_Cuál_____ prefieres, el vestido largo o el corto?

4. ¿Sabes _cuál_____ de éstos es mi disco favorito?

5. ¿_Qué_____ es un departamento de hacienda?

6. ¿_Cuáles_____ trajiste, las de chocolate o las de limón?

7. ¿_Qué_____ auto compraste este año?

8. ¿_Cuál_____ es la tienda más elegante del centro?

2 **¿Cuál es la pregunta?** Write questions that correspond to these responses. Use each word or phrase from the word bank only once.

¿a qué hora?	¿cuál?	¿cuándo?	¿de dónde?	¿qué?
¿adónde?	¿cuáles?	¿cuántos?	¿dónde?	¿quién?

1. _¿Cuál es la camisa que más te gusta?_____

   La camisa que más me gusta es ésa.

2. _¿Qué quieres hacer hoy?_____

   Hoy quiero descansar durante el día.

3. _¿Quién es tu profesora de matemáticas?_____

   Mi profesora de matemáticas es la señora Aponte.

4. _¿De dónde eres?/¿De dónde es usted?_____

   Soy de Buenos Aires, Argentina.

5. _¿Cuáles son tus gafas favoritas?_____

   Mis gafas favoritas son las azules.

6. _¿Dónde está el pastel de cumpleaños?_____

   El pastel de cumpleaños está en el refrigerador.

7. _¿A qué hora empieza la fiesta sorpresa?_____

   La fiesta sorpresa empieza a las ocho en punto de la noche.

8. _¿Cuándo cierra el restaurante?_____

   El restaurante cierra los lunes.

9. _¿Cuántos invitados hay en la lista?_____

   Hay ciento cincuenta invitados en la lista.

10. _¿Adónde van ustedes?_____

    Vamos a la fiesta de cumpleaños de Inés.

3 **¿Lógico o ilógico?** You will hear some questions and the responses. Decide if they are **lógico** or **ilógico**.

1. Lógico (Ilógico)   5. Lógico (Ilógico)
2. (Lógico) Ilógico   6. Lógico (Ilógico)
3. Lógico (Ilógico)   7. (Lógico) Ilógico
4. (Lógico) Ilógico   8. (Lógico) Ilógico

4 **Preguntas** You will hear a series of responses to questions. Using **¿qué?** or **¿cuál?**, form the question that prompted each response. Repeat the correct answer after the speaker. (*8 items*)

> **modelo**
>
> Santiago de Chile es la capital de Chile.
> *¿Cuál es la capital de Chile?*

5 **De compras** Look at Marcela's shopping list for Christmas and answer each question you hear. Repeat the correct response after the speaker. (*6 items*)

Raúl	2 camisas, talla 17
Cristina	blusa, color azul
Pepe	bluejeans y tres pares de calcetines blancos
Abuelo	cinturón
Abuela	suéter blanco

6 **Escoger** Listen to this radio commercial and choose the most logical response to each question.

1. ¿Qué hace Fiestas Mar?

  (a.) Organiza fiestas.   b. Es una tienda que vende cosas para fiestas.   c. Es un club en el mar.

2. ¿Para qué tipo de fiesta no usaría Fiestas Mar?

  a. Para una boda.   b. Para una fiesta de sorpresa.   (c.) Para una cena con los suegros.

3. ¿Cuál de estos servicios no ofrece Fiestas Mar?

  a. Poner las decoraciones.   b. Proveer (*Provide*) el lugar.   (c.) Proveer los regalos.

4. ¿Qué tiene que hacer el cliente si usa los servicios de Fiestas Mar?

  (a.) Tiene que preocuparse por la lista de invitados.   b. Tiene que preocuparse por la música.

  c. Tiene que preparar la comida.

5. Si uno quiere contactar Fiestas Mar, ¿qué debe hacer?

  a. Debe escribirles un mensaje electrónico.   (b.) Debe llamarlos.   c. Debe ir a Casa Mar.

Lección 3

Audio Activities

7 **ESTUDIANTE 1**

Quinceañera Trabaja con un(a) compañero/a. Tu compañero/a es el/la director(a) del salón de fiestas "Renacimiento". Tú eres el padre/la madre de Sandra, y quieres hacer la fiesta de quince años de tu hija gastando menos de $25 por invitado/a. Aquí tienes la mitad (*half*) de la información necesaria para confirmar la reservación; tu compañero/a tiene la otra mitad.

> **modelo**
>
> **Estudiante 1:** ¿Cuánto cuestan los entremeses?
> **Estudiante 2:** Depende. Puede escoger champiñones por 50 centavos o camarones por dos dólares.
> **Estudiante 1:** ¡Uf! A mi hija le gustan los camarones, pero son muy caros.
> **Estudiante 2:** Bueno, también puede escoger quesos por un dólar por invitado.

Número de invitados: 200

Comidas: queremos una variedad de comida para los vegetarianos y los no vegetarianos

Presupuesto (budget): máximo $25 por invitado

Otras preferencias: ¿posible traer mariachis?

	Opción 1	Opción 2
Entremeses		
Primer plato (*opcional*)		
Segundo plato (*opcional*)		
Carnes y pescados		
Verduras		
Postres		
Bebidas		
Total $		

7 ESTUDIANTE 2

Quinceañera Trabaja con un(a) compañero/a. Tú eres el/la director(a) del salón de fiestas "Renacimiento". Tu compañero/a es el padre/la madre de Sandra, quien quiere hacer la fiesta de quince años de su hija gastando menos de $25 por invitado/a. Aquí tienes la mitad (*half*) de la información necesaria para confirmar la reservación; tu compañero/a tiene la otra mitad.

> **modelo**
>
> **Estudiante 1:** ¿Cuánto cuestan los entremeses?
> **Estudiante 2:** Depende. Puede escoger champiñones por 50 centavos o camarones por dos dólares.
> **Estudiante 1:** ¡Uf! A mi hija le gustan los camarones, pero son muy caros.
> **Estudiante 2:** Bueno, también puede escoger quesos por un dólar por invitado.

Salón de fiestas "Renacimiento"

Número de invitados: _____

Otras preferencias: _____

Presupuesto: $ _____ por invitado

Menú

Entremeses	Champiñones: $0,50 por invitado	Camarones: $2 por invitado	Quesos: $1 por invitado	Verduras frescas: $0,50 por invitado
Primer plato	Sopa de cebolla: $1 por invitado	Sopa del día: $1 por invitado	Sopa de verduras: $1 por invitado	
Segundo plato	Ensalada mixta: $2 por invitado	Ensalada César: $3 por invitado		
Carnes y pescados	Bistec: $10 por invitado	Langosta: $15 por invitado	Pollo asado: $7 por invitado	Salmón: $12 por invitado
Verduras	Maíz, arvejas: $1 por invitado	Papa asada, papas fritas: $1 por invitado	Arroz: $0,50 por invitado	Zanahorias, espárragos: $1,50 por invitado
Postres	Pastel: $2 por invitado	Flan: $1 por invitado	Helado: $0,50 por invitado	Frutas frescas, pasteles y galletas: $2 por invitado
Bebidas	Champán: $3 por invitado	Vinos, cerveza: $4 por invitado	Café, té: $0,50 por invitado	Refrescos: $1 por invitado

Precio total $ _____

3.4 Pronouns after prepositions

1 **Antes de la fiesta** Choose and write the correct pronouns to complete the paragraph.

Hoy voy al mercado al aire libre cerca de mi casa con mi tía Carmen. Me gusta ir con

(1) _____ella_____ (usted, ella) porque sabe escoger las mejores frutas y verduras del mercado.

Y a ella le gusta ir (2) _____conmigo_____ (contigo, conmigo) porque sé regatear mejor que nadie.

—Entre (3) _____tú_____ (tú, ellas) y yo, debes saber que a (4) _____mí_____ (ella, mí) no me

gusta gastar mucho dinero. Me gusta venir (5) _____contigo_____ (con usted, contigo) porque me ayudas a

ahorrar (*save*) dinero —me confesó un día en el mercado. Hoy la vienen a visitar sus hijos porque es su

cumpleaños, y ella quiere hacer una ensalada de frutas para (6) _____ellos_____ (ellos, nosotros).

—Estas peras son para (7) _____ti_____ (mí, ti), por venir conmigo al mercado. También me

llevo unos hermosos melocotones para el novio de Verónica, que viene con (8) _____ella_____

(ella, nosotras). Siempre compro frutas para (9) _____él_____ (mí, él) porque le encantan y no

consigue muchas frutas en el lugar donde vive —dice mi tía.

—¿Voy a conocer al novio de Verónica?

—Sí, ¡queremos invitarte a (10) _____ti_____ (ti, él) a la fiesta de cumpleaños!

2 **El pastel de Carlota** Some friends are having Carlota's birthday cake. Complete the conversation with the correct pronouns.

SR. MARTÍNEZ Chicos, voy a buscar a mi esposa, en un momento estoy con

(1) _____ustedes_____.

TOMÁS Sí, señor Martínez, no se preocupe por (2) _____nosotros_____.

YOLANDA ¡Qué rico está el pastel! A (3) _____mí_____ me encantan los pasteles.

Tomás, ¿quieres compartir un pedazo (*slice*) (4) _____conmigo_____?

TOMÁS ¡Claro! Para (5) _____mí_____, el chocolate es lo más delicioso.

CARLOTA Pero no se lo terminen... Víctor, quiero compartir el último (*last*) pedazo

(6) _____contigo_____.

VÍCTOR Mmmh, está bien; sólo por (7) _____ti_____ hago este sacrificio.

CARLOTA Toma, Víctor, este pedazo es especial para (8) _____ti_____.

TOMÁS ¡Oh, no! Mira, Yolanda, ¡hay más miel (*honey*) en (9) _____ellos/él_____

que en cien pasteles!

Lección 3

Síntesis

Research the life of a famous person who has had a stormy personal life, such as Elizabeth Taylor or Henry VIII. Write a brief biography of the person, including the following information: Answers will vary.

- When was the person born?
- What was that person's childhood like?
- With whom did the person fall in love?
- Whom did the person marry?
- Did he or she have children?

- Did the person get divorced?
- Did the person go to school, and did he or she graduate?
- How did his or her career or lifestyle vary as the person went through different stages in life?

Use lesson vocabulary, irregular preterites, and verbs that change meaning in the preterite in your biography.

_____

_____

_____

_____

_____

_____

_____

_____

_____

_____

_____

_____

_____

_____

_____

_____

_____

_____

_____

Lección 3

3 **Cambiar** Listen to each statement and say that the feeling is not mutual. Use a pronoun after the preposition in your response. Then repeat the correct answer after the speaker. (*6 items*)

> *modelo*
> Carlos quiere desayunar con nosotros.
> *Pero nosotros no queremos desayunar con él.*

4 **Preguntas** Answer each question you hear using the appropriate pronoun after the preposition and the cue. Repeat the correct response after the speaker.

> *modelo*
> *You hear:* ¿Almuerzas con Alberto hoy?
> *You see:* No
> *You say:* No, no almuerzo con él hoy.

1. Sí
2. Luis
3. Sí
4. Sí
5. No
6. Francisco

5 **Preparativos (*Preparations*)** Listen to this conversation between David and Andrés. Then answer the questions.

1. ¿Qué necesitan comprar para la fiesta?

   Necesitan comprar jamón, pan, salchicha y queso.

2. ¿Con quién quiere Alfredo ir a la fiesta?

   Alfredo quiere ir a la fiesta con Sara.

3. ¿Por qué ella no quiere ir con él?

   Ella no quiere ir con él porque está muy enojada.

4. ¿Con quién va Sara a la fiesta?

   Sara va con Andrés.

5. ¿Para quién quieren comprar algo especial?

   Quieren comprar algo especial para Alfredo.

ESTUDIANTE 1

Compartir En parejas, hagan preguntas para saber dónde está cada una de las personas en el dibujo. Ustedes tienen dos versiones diferentes de la ilustración. Al final deben saber dónde está cada persona.

> **modelo**
>
> **Estudiante 1:** ¿Quién está al lado de Óscar?
> **Estudiante 2:** Alfredo está al lado de él.

Alfredo	Dolores	Graciela	Raúl
Sra. Blanco	Enrique	Leonor	Rubén
Carlos	Sra. Gómez	Óscar	Yolanda

Vocabulario útil

a la derecha de	delante de
a la izquierda de	detrás de
al lado de	en medio de

6 ESTUDIANTE 2

Compartir En parejas, hagan preguntas para saber dónde está cada una de las personas en el dibujo. Ustedes tienen dos versiones diferentes de la ilustración. Al final deben saber dónde está cada persona.

> **modelo**
>
> **Estudiante 1:** ¿Quién está al lado de Óscar?
> **Estudiante 2:** Alfredo está al lado de él.

Alfredo	Dolores	Graciela	Raúl
Sra. Blanco	Enrique	Leonor	Rubén
Carlos	Sra. Gómez	Óscar	Yolanda

Vocabulario útil

a la derecha de	delante de
a la izquierda de	detrás de
al lado de	en medio de

Lección 3

Communication Activities

Escritura

Estrategia
Planning and writing a comparative analysis

Writing any kind of comparative analysis requires careful planning. Venn diagrams are useful for organizing your ideas visually before comparing and contrasting people, places, objects, events, or issues. To create a Venn diagram, draw two circles that overlap one another and label the top of each circle. List the differences between the two elements in the outer rings of the two circles, then list their similarities where the two circles overlap. Review this example.

Diferencias y similitudes

El aniversario de los Sres. González   La ceremonia de graduación de Ernestina

Diferencias:
1. No hay una ceremonia formal.
2. La celebración tiene lugar por la noche.

Similitudes:
1. La familia invita a muchos familiares y amigos para celebrar.
2. Hay una comida especial para los invitados.

Diferencias:
1. Hay una ceremonia formal.
2. La ceremonia se celebra durante el día.

La lista de palabras y expresiones a la derecha puede ayudarte a escribir este tipo de ensayo (*essay*).

Tema
Escribir una composición

Antes de escribir

1. Vas a comparar dos celebraciones familiares a las que tú asististe recientemente. Puedes escoger entre una fiesta de cumpleaños, aniversario o graduación, una boda, una fiesta de quince años u otro tipo de celebración familiar.

2. Completa un diagrama Venn con las diferencias y similitudes de las dos celebraciones. Trata de incluir por lo menos tres ideas para cada sección del diagrama.

Diferencias y similitudes

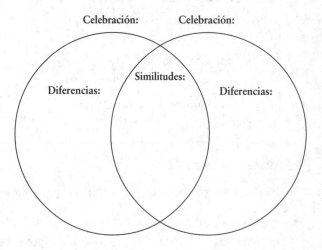

Celebración: Celebración:

Diferencias: Similitudes: Diferencias:

Lección 3

Writing Activities

Escribir

1. Usa el diagrama Venn que completaste para ayudarte a escribir una composición en la que comparas las dos celebraciones.

2. Tu composición debe incluir cuatro párrafos cortos:

   ▶ un párrafo que sirva de introducción y que identifique las dos celebraciones
   ▶ uno que describa las diferencias entre las dos celebraciones
   ▶ uno que describa las similitudes entre las dos celebraciones
   ▶ uno que sirva de conclusión y que incluya tus opiniones sobre las dos celebraciones

3. Usa palabras y expresiones de esta lista para expresar las diferencias y las similitudes.

Para expresar diferencias	
a diferencia de	unlike
a pesar de	in spite of
aunque	although
en cambio	on the other hand
más/menos que	more/less... than
no obstante	nevertheless; however
por otro lado	on the other hand
por el contrario	on the contrary
sin embargo	nevertheless; however

Para expresar similitudes	
además; también	in addition; also
al igual que	the same as
como	as; like
de la misma manera	in the same manner (way)
del mismo modo	in the same manner (way)
tan + [adjetivo] + como	as + [adjective] + as
tanto/a(s) + [sustantivo] + como	as many/much + [noun] as

Después de escribir

1. Intercambia tu borrador con un(a) compañero/a de clase. Coméntalo y contesta estas preguntas.

   ▶ ¿Escribió tu compañero/a una introducción que identifica las dos celebraciones?
   ▶ ¿Escribió tu compañero/a un párrafo sobre las diferencias entre las dos celebraciones?
   ▶ ¿Escribió tu compañero/a un párrafo sobre las similitudes entre las dos celebraciones?
   ▶ ¿Escribió tu compañero/a una conclusión que incluye sus opiniones sobre las dos celebraciones?
   ▶ ¿Usó tu compañero/a palabras de la lista para expresar diferencias y similitudes?
   ▶ ¿Usó tu compañero/a comparativos y superlativos para comparar las dos celebraciones?
   ▶ ¿Qué detalles añadirías (would you add)? ¿Qué detalles quitarías (would you delete)? ¿Qué otros comentarios tienes para tu compañero/a?

2. Revisa tu narración según los comentarios de tu compañero/a. Después de escribir la versión final, léela otra vez para eliminar errores de:

   ▶ ortografía y puntuación
   ▶ uso de letras mayúsculas y minúsculas
   ▶ concordancia entre sustantivos y adjetivos
   ▶ uso de verbos en el presente de indicativo
   ▶ uso de verbos en el pretérito
   ▶ uso de comparativos y superlativos

Las fiestas

Antes de ver el video

1 **Más vocabulario** Look over these useful words before you watch the video.

Vocabulario útil		
alegrar *to make happy*	el cartel *poster*	la parranda *party*
las artesanías *crafts*	la clausura *closing ceremony*	la pintura *painting*
el/la artesano/a *craftsperson;*	destacarse *to stand out*	el santo de palo *wooden saint*
artisan	el Día de Reyes *Three*	tocar el tambor
los cabezudos *carnival figures*	*Kings' Day*	*playing drums*
with large heads	las frituras *fried foods; fritters*	los Tres Santos Reyes/Reyes
la canción de Navidad	la madera *wood*	Magos *Three Kings*
Christmas carol	la misa *mass*	

2 **Completar** Complete this paragraph about **la Navidad** in Puerto Rico.

En Puerto Rico, las Navidades no terminan después del (1)_____Día de Reyes_____, como en el resto de los países hispanos, sino después de las Fiestas de la Calle San Sebastián. Hay muchas expresiones artísticas de (2)_____artesanos_____ locales; entre ellas se destacan los (3)_____santos de palo_____, que son pequeñas estatuas (*statues*) de madera de vírgenes y santos. La (4)_____parranda_____ empieza por la noche cuando las personas salen a disfrutar del baile y la música con amigos y familiares.

3 **¡En español!** Look at the video still. What do you think this episode will be about? Imagine what Diego will say and write a two- or three-sentence introduction to this episode. Answers will vary.

Diego Palacios, Puerto Rico

¡Bienvenidos! Soy Diego Palacios, de Puerto Rico. Hoy les quiero

mostrar… _____

_____

_____

_____

Mientras ves el video

4 **Ordenar** Ordena cronológicamente lo que Diego hizo (*did*).

__5__ a. Les preguntó a personas qué disfrutaban más de las fiestas.

__1__ b. Bailó con los cabezudos en la calle.

__2__ c. Habló con artesanos sobre los santos de palo.

__4__ d. Tomó un helado de coco.

__3__ e. Comió unas frituras.

Lección 3

Video Activities: *Flash cultura*

5 **Emparejar** Match the captions to the appropriate elements.

1. __b__   2. __d__

3. __c__   4. __a__

a. el güiro   b. los cabezudos   c. los santos de palo   d. el pandero   e. los carteles

Después de ver el video

6 **¿Cierto o falso?** Indicate whether each statement is **cierto** or **falso**.

1. Las Navidades en Puerto Rico terminan con del Día de Reyes. _____Falso._____

2. Los artistas hacen cuadros y carteles sobre la Navidad. _____Cierto._____

3. En Puerto Rico, todas las celebraciones navideñas son religiosas. _____Falso._____

4. Los santos de palo representan a personajes puertorriqueños. _____Falso._____

5. Según un artesano, la pieza de artesanía más popular es la de los Tres Santos Reyes.
   _____Cierto._____

6. El güiro y el pandero son algunos de los instrumentos típicos de la música de estas fiestas.
   _____Cierto._____

7 **¡De parranda!** Imagine that you are an exchange student in Puerto Rico and that you are attending this celebration. You are dancing on the street when suddenly Diego spots you and decides to interview you. Tell him how you feel and what cultural aspects catch your attention. Make sure to include these words. Answers will vary.

| artistas | bailar | cabezudos | de parranda | en la calle | tocar el tambor |

_____

_____

_____

_____

Panorama

Chile

1 **Datos chilenos** Complete the chart with the correct information about Chile. Some answers will vary.

Ciudades principales	Deportes de invierno	Países fronterizos (*bordering*)	Escritores
Santiago de Chile	el esquí	Perú	Gabriela Mistral
Concepción	el *snowboard*	Bolivia	Pablo Neruda
Viña del Mar	el heliesquí	Argentina	Isabel Allende

2 **¿Cierto o falso?** Indicate whether the sentences are **cierto** or **falso.** Correct the false sentences.

1. Una quinta parte de los chilenos vive en Santiago de Chile.

Falso. Una tercera parte de los chilenos vive en Santiago de Chile.

2. En Chile se hablan el idioma español y el mapuche.

Cierto.

3. La mayoría (*most*) de las playas de Chile están en la costa del océano Atlántico.

Falso. La mayoría de las playas de Chile están en la costa del océano Pacífico.

4. El desierto de Atacama es el más seco del mundo.

Cierto.

5. La isla de Pascua es famosa por sus observatorios astronómicos.

Falso. La isla de Pascua es famosa por los *moái*, unas estatuas enormes.

6. El Parque Nacional Villarrica está situado al pie de un volcán y junto a un lago.

Cierto.

7. Se practican deportes de invierno en los Andes chilenos.

Cierto.

8. La minería es una parte poco importante de la economía de Chile.

Falso. La minería es una parte principal de la economía de Chile.

3 **Información de Chile** Complete the sentences with the correct words.

1. La moneda de Chile es el _____ peso chileno _____.

2. Bernardo O'Higgins fue un militar y _____ héroe _____ nacional de Chile.

3. Los exploradores _____ holandeses _____ descubrieron la isla de Pascua.

4. Desde los _____ observatorios _____ chilenos de los Andes, los científicos estudian las estrellas.

5. El _____ lapislázuli _____ es la piedra nacional de Chile.

6. El país al este de Chile es _____ Argentina _____.

Lección 3

Lección 3

4 **Fotos de Chile** Label the photos.

1. ___edificio antiguo en Santiago___

2. ___los *moái* de la isla de Pascua___

5 **El pasado de Chile** Complete the sentences with the preterite of the correct verbs from the word bank.

decidir   escribir   recibir

1. Pablo Neruda ___escribió___ muchos poemas románticos durante su vida.

2. La isla de Pascua ___recibió___ su nombre porque la descubrieron el Día de Pascua.

3. No se sabe por qué los *rapa nui* ___decidieron___ abandonar la isla de Pascua.

6 **Preguntas chilenas** Write questions that correspond to the answers below. Vary the interrogative words you use.

1. ¿Cuántos habitantes hay en/tiene Chile? _____

   Hay más de diecisiete millones de habitantes en Chile.

2. ¿Cuál es la capital chilena/de Chile? _____

   Santiago de Chile es la capital chilena.

3. ¿Qué idiomas se hablan en Chile?/¿Cuáles son los idiomas que se hablan en Chile? _____

   Los idiomas que se hablan en Chile son el español y el mapuche.

4. ¿Quiénes descubrieron la isla de Pascua?/¿Qué descubrieron los exploradores holandeses? ___

   Los exploradores holandeses descubrieron la isla de Pascua.

5. ¿Dónde se puede practicar el heliesquí?/¿Qué (deporte) se puede practicar en el centro de esquí Valle Nevado?/¿Qué tipo de excursiones organiza el centro de esquí Valle Nevado? _____

   El centro de esquí Valle Nevado organiza excursiones de heliesquí.

6. ¿Cuáles son los metales que produce Chile?, ¿Qué metales produce Chile? _____

   Chile produce cobre, litio, yodo, hierro, nitrato, oro y plata.

Panorama: Chile

Antes de ver el video

1 **Más vocabulario** Look over these useful words and expressions before you watch the video.

Vocabulario útil	
disfrutar (de) *to take advantage (of)*	isla *island*
grados *degrees*	recursos naturales *natural resources*
hace miles de años *thousands of years ago*	repartidas *spread throughout, distributed*
indígena *indigenous*	vista *view*

2 **Escribir** This video talks about Chile's Easter Island. In preparation for watching the video, answer the following questions. Answers will vary.

1. ¿Has estado (*Have you been*) en una isla o conoces alguna? ¿Cómo se llama?

_____

2. ¿Dónde está? ¿Cómo es?

_____

Mientras ves el video

3 **Fotos** Describe the video stills. Write at least three sentences in Spanish for each still. Answers will vary.

_____
_____
_____
_____
_____

_____
_____
_____
_____
_____

Lección 3 · Video Activities: *Panorama cultural*

Después de ver el video

4 **Completar** Complete the sentences with words from the word bank.

atracción	indígena
característico	llega
diferente	recursos
difícil	remoto
escalan	repartidas

1. *Rapa Nui* es el nombre de la isla de Pascua en la lengua _____ indígena _____ de la región.

2. Esta isla está en un lugar _____ remoto _____.

3. Los habitantes de esta isla no tenían muchos _____ recursos _____ naturales.

4. En un día de verano la temperatura _____ llega _____ a los noventa grados.

5. Las esculturas *moái* son el elemento más _____ característico _____ de esta isla.

6. Hay más de novecientas esculturas _____ repartidas _____ por toda la isla.

7. Otra gran _____ atracción _____ de la isla es el gran cráter Rano Kau.

8. Los visitantes _____ escalan _____ el cráter para disfrutar de la espectacular vista.

5 **Preferencias** In Spanish, list at least two things you like about this video and explain your choices. Answers will vary.

_____

_____

_____

_____

_____

_____

_____

_____

_____

_____

_____

_____

_____

_____

Repaso

1 **¿Te importa?** Complete the sentences with the correct indirect object pronoun and the form of the verb in parentheses.

1. A nosotros _____ nos gusta _____ (gustar) ir de excursión y acampar.

2. A mí _____ me encantan _____ (encantar) las novelas históricas.

3. A mi hermano _____ le molesta _____ (molestar) la radio cuando está estudiando.

4. A ustedes no _____ les importa _____ (importar) esperar un rato para sentarse, ¿no?

5. Ese vestido largo _____ te queda _____ (quedar) muy bien (a ti) con las sandalias.

6. A ellos _____ les faltan _____ (faltar) dos días para graduarse de la escuela.

2 **No quiero nada** Answer the questions negatively, using negative words.

1. ¿Debo ponerme algo elegante esta noche?
   No, no debes ponerte/no te debes poner nada elegante esta noche.

2. ¿Te enojaste con alguien en el restaurante?
   No, no me enojé con nadie en el restaurante.

3. ¿Se probó algún vestido Ana en la tienda?
   No, Ana no se probó ningún vestido/ninguno (en la tienda).

4. ¿Quiere Raúl quedarse en las fiestas siempre?
   No, Raúl nunca quiere quedarse/se quiere quedar en las fiestas.

3 **La fiesta** Complete the paragraph with the correct preterite forms of the verbs in parentheses.

Ignacio y yo (1) _____ fuimos _____ (ir) a la fiesta de cumpleaños de un amigo el sábado.

(2) _____ Fuimos _____ (Ir) juntos en auto. Mi padre (3) _____ condujo _____ (conducir). La fiesta

(4) _____ fue _____ (ser) en el salón de fiestas del Hotel Condado. En la fiesta (5) _____ hubo _____

(haber) un pastel enorme y muchísimos invitados. (Yo) (6) _____ Supe _____ (saber) en la fiesta que mi

amiga Dora (7) _____ rompió _____ (romper) con su novio. Ignacio y yo (8) _____ quisimos _____ (querer)

hacerla sentir mejor, pero no (9) _____ fue _____ (ser) fácil. Primero Ignacio (10) _____ pidió _____ (pedir)

una botella de jugo. Luego le (11) _____ dijo _____ (decir) a su amigo Marc: "Ven (*Come*) a sentarte

con nosotros". Ignacio le (12) _____ sirvió _____ (servir) algo de jugo a Marc y todos (13) _____ brindamos/brindaron _____

(brindar). Nosotros les (14) _____ dimos _____ (dar) la oportunidad a Dora y a Marc de conocerse. Marc

es francés, y por mucho rato ellos no (15) _____ pudieron _____ (poder) entenderse. Luego yo (16) _____ traduje _____

(traducir) sus palabras un rato. Dora (17) _____ repitió _____ (repetir) las palabras hasta decirlas bien. Dora

y Marc (18) _____ estuvieron _____ (estar) hablando toda la noche. Ignacio les (19) _____ trajo _____ (traer)

entremeses y él y yo nos (20) _____ fuimos _____ (ir) a bailar. Marc le (21) _____ pidió _____ (pedir) el número

a Dora. Ella (22) _____ se puso _____ (ponerse) feliz.

Lecciones 1–3

4 **Te lo dije** Rewrite these sentences in the preterite. Use double object pronouns in the new sentences.

modelo

> Carlos le traduce los documentos a su hermano. *Carlos se los tradujo.*

1. Rebeca quiere comprarle un regalo a Jorge. (Rebeca) Quiso comprárselo./(Rebeca) Se lo quiso comprar.

2. Les hago una cena deliciosa. Se la hice.

3. Los López le dicen unos chistes (*jokes*). Se los dijeron.

4. Francisco no puede prestarnos el auto. (Francisco) No pudo prestárnoslo./(Francisco) No nos lo pudo prestar.

5. Les debes decir tu apellido a los dueños. Debiste decírselo./Se lo debiste decir.

6. Te traigo unas cosas importantes. Te las traje.

5 **Los países** Compare the items listed, using information from the **Panorama** sections.
Some answers may vary. Suggested answers:

1. Guatemala / pequeño / Perú

   Guatemala es más pequeño que Perú.

2. Líneas de Nazca / misteriosas / los *moái* de la isla de Pascua

   Las líneas de Nazca son tan misteriosas como los *moái* de la isla de Pascua.

3. habitantes de Guatemala / hablar idiomas / habitantes de Chile

   Los habitantes de Guatemala hablan más idiomas que los habitantes de Chile.

4. Ciudad de Guatemala / grande / puerto de Iquitos

   La ciudad de Guatemala es más grande que el puerto de Iquitos.

5. peruanos / usar las llamas / chilenos

   Los peruanos usan las llamas más que los chilenos.

6 **La boda** Imagine that you know the couple in the photo. Write some background about their wedding. How and when did the couple meet? When did they become engaged? Do they get along well? Do they really love each other? Next, talk about the food and drinks served at the wedding and whether you enjoyed the event. Answers will vary.

Contextos

1 **El cuerpo humano** Label the parts of the body.

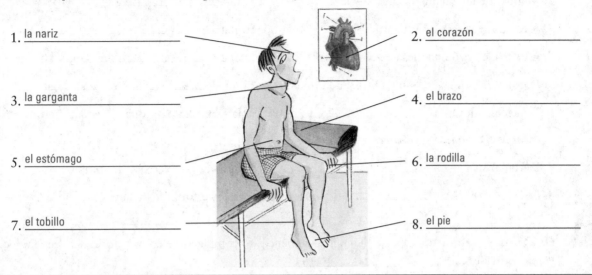

1. la nariz

2. el corazón

3. la garganta

4. el brazo

5. el estómago

6. la rodilla

7. el tobillo

8. el pie

2 **¿Adónde vas?** Indicate where you would go in each of the following situations.

| la clínica | el dentista | el hospital |
| el consultorio | la farmacia | la sala de emergencia |

1. Tienes que comprar aspirinas. la farmacia

2. Te duele un diente. el dentista

3. Te rompes una pierna. la sala de emergencia

4. Te debes hacer un examen médico. la clínica/el consultorio

5. Te van a hacer una operación. el hospital

6. Te van a poner una inyección. la clínica/el consultorio

3 **Las categorías** List these terms under the appropriate category.

antibiótico	gripe	receta
aspirina	operación	resfriado
estornudos	pastilla	tomar la temperatura
fiebre	radiografía	tos

Síntoma: estornudos, fiebre, tos

Enfermedad: gripe, resfriado

Diagnóstico: radiografía, tomar la temperatura

Tratamiento (*Treatment*): antibiótico, aspirina, operación, pastilla, receta

4

En el consultorio Complete the sentences with the correct words.

1. La señora Gandía va a tener un hijo en septiembre. Está _____embarazada_____.

2. Manuel tiene la temperatura muy alta. Tiene _____fiebre_____.

3. A Rosita le recetaron un antibiótico y le van a poner una _____inyección_____.

4. A Pedro le cayó una mesa en el pie. El pie le _____duele_____ mucho.

5. Durante la primavera, mi tía estornuda mucho y está muy _____congestionada_____.

6. Tienes que llevar la _____receta_____ a la farmacia para que te vendan (*in order for them to sell you*) la medicina.

7. Le tomaron una _____radiografía_____ de la pierna para ver si se le rompió.

8. Los _____síntomas_____ de un resfriado son los estornudos y la tos.

5

Doctora y paciente Choose the logical sentences to complete the conversation between la doctora Pérez and José Luis.

DOCTORA ¿Qué síntomas tiene?

JOSÉ LUIS (1) _____
ⓐ Tengo tos y me duele la cabeza.
b. Soy muy saludable.
c. Me recetaron un antibiótico.

DOCTORA (2) _____
a. ¿Cuándo fue el accidente?
ⓑ ¿Le dio fiebre ayer?
c. ¿Dónde está la sala de emergencia?

JOSÉ LUIS (3) _____
a. Fue a la farmacia.
b. Me torcí el tobillo.
ⓒ Sí, mi esposa me tomó la temperatura.

DOCTORA (4) _____
ⓐ ¿Está muy congestionado?
b. ¿Está embarazada?
c. ¿Le duele el dedo del pie?

JOSÉ LUIS (5) _____
a. Sí, me hicieron una operación.
b. Sí, estoy mareado.
ⓒ Sí, y también me duele la garganta.

DOCTORA (6) _____
a. Tiene que ir al consultorio.
ⓑ Es una infección de garganta.
c. La farmacia está muy cerca.

JOSÉ LUIS (7) _____
ⓐ ¿Tengo que tomar un antibiótico?
b. ¿Debo ir al dentista?
c. ¿Qué indican las radiografías?

DOCTORA (8) _____
a. Sí, es usted una persona saludable.
b. Sí, se lastimó el pie.
ⓒ Sí, ahora se lo voy a recetar.

6 **Identificar** You will hear a series of words. Write each one in the appropriate category.

> **modelo**
> *You hear:* el hospital.
> *You write:* **el hospital** *under* **Lugares**.

Lugares	Medicinas	Condiciones y síntomas médicos
el hospital	la aspirina	la tos
la sala de emergencia	la pastilla	el resfriado
la farmacia	el antibiótico	la gripe
el consultorio		la fiebre

7 **Describir** For each drawing, you will hear two statements. Choose the one that corresponds to the drawing.

1. a.   (b.)

2. a.   (b.)

3. (a.)   b.

4. a.   (b.)

Lección 4 Audio Activities

ESTUDIANTE 1

Crucigrama (*Crossword puzzle*) Tú y tu compañero/a tienen un crucigrama incompleto. Tú tienes las palabras que necesita tu compañero/a y él/ella tiene las palabras que tú necesitas. Tienen que darse pistas (*clues*) para completarlo. No pueden decir la palabra necesaria; deben utilizar definiciones, ejemplos y frases incompletas.

> **modelo**
>
> **10 horizontal:** La usamos para hablar.
> **14 vertical:** Es el médico que examina los dientes.

				¹E						²		³O		
⁴		⁵F		M						⁶		J		
		A		B								O		
		R		⁷A	S	⁸P	I	⁹R	I	N	A			
		M		R				E						
		A		A				C						
¹⁰		C		Z				E		¹¹N	A	R	I	Z
		I		A				T						
		A		D				A						
				A					¹²	¹³H				
¹⁴D	¹⁵C				¹⁶	¹⁷T				O				
E	L					O				S				
N	Í					B				P				
T	N					I				I				
I	I	¹⁸	¹⁹D		L					T				
S	C		E		L					A				
T	A		D	²⁰	O					L				
A			O											

8 ESTUDIANTE 2

Crucigrama (*Crossword puzzle*) Tú y tu compañero/a tienen un crucigrama incompleto. Tú tienes las palabras que necesita tu compañero/a y él/ella tiene las palabras que tú necesitas. Tienen que darse pistas (*clues*) para completarlo. No pueden decir la palabra necesaria; deben utilizar definiciones, ejemplos y frases incompletas.

> **modelo**
>
> **10 horizontal:** La usamos para hablar.
> **14 vertical:** Es el médico que examina los dientes.

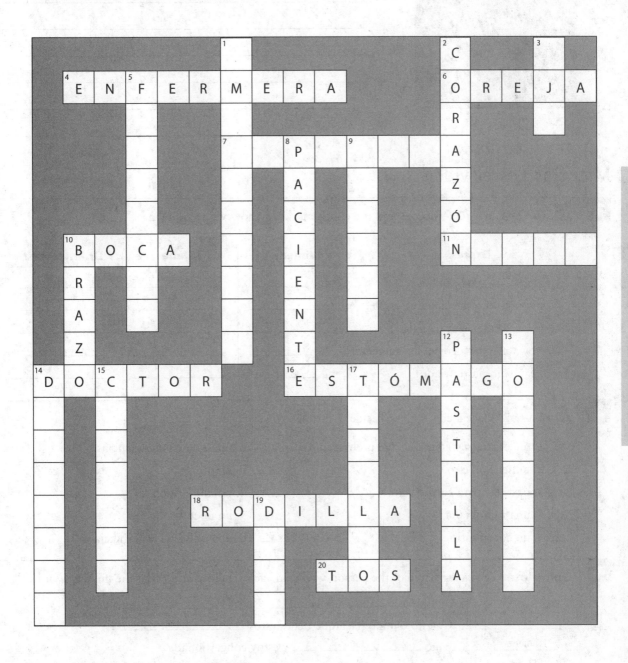

Lección 4

¡Qué dolor!

Antes de ver el video

1 **Una cita** Look at the image. Where do you think Jimena is? What is happening? Answers will vary.

_____
_____
_____
_____
_____
_____
_____
_____

Mientras ves el video

2 **¿Quién?** Watch **¡Qué dolor!** and use check marks to show who said what.

Expresión	Jimena	Elena	Dr. Meléndez
1. ¿Cuáles son tus síntomas?			✔
2. Tengo un dolor de cabeza terrible.		✔	
3. Empecé a toser esta mañana.	✔		
4. Te voy a mandar algo para la garganta.			✔
5. ¡Es tan sólo un resfriado!	✔		

3 **¿Qué ves?** Place a check mark beside the things you see in the video.

✔ 1. un letrero (*sign*) que dice: "Se prohíbe fumar"   ____ 6. una sala de emergencias

✔ 2. un termómetro   ✔ 7. una receta

✔ 3. pastillas para el resfriado   ____ 8. un antibiótico

✔ 4. una radiografía   ✔ 9. un doctor

✔ 5. un consultorio   ✔ 10. una bolsa de la farmacia

4 **Completar** Write the name of the person who said each sentence and fill in the missing words.

don Diego 1. A mi hermanito le dolía la ___garganta___ con frecuencia.

Dr. Meléndez 2. ¿Cuánto tiempo hace que tienes estos ___síntomas___?

Jimena 3. Tengo ___tos___ y estoy congestionada.

Elena 4. Nunca tenía resfriados, pero me ___rompí___ el brazo dos veces.

Sra. Díaz/Carolina 5. No tienes ___fiebre___. ¿Te pusiste un suéter anoche?

Video Activities: *Fotonovela*

Después de ver el video

5 **Seleccionar** Write the letter of the word or words that match each sentence.

1. __b__ hizo cita con el Dr. Meléndez para llevar a Jimena.

   a. Don Diego   b. La señora Díaz   c. Elena   d. Miguel

2. Jimena puede ir inmediatamente a la __d__ por los medicamentos.

   a. sala de emergencias   b. clínica   c. dentista   d. farmacia

3. Elena toma __a__ para ____.

   a. aspirina; el dolor de cabeza   b. antibióticos; la gripe   c. pastillas; el resfriado

   d. medicamentos; el dolor de estómago

4. Elena dice que el té de jengibre es bueno para el dolor de __a__.

   a. estómago   b. garganta   c. cabeza   d. brazos

5. La señora Díaz dice que a Jimena le dio ____ porque olvidó ponerse un suéter.

   a. fiebre   b. un resfriado   c. dolor de estómago   d. gripe

6. Cuando era niña, Jimena casi no __d__.

   a. tomaba antibióticos   b. tomaba aspirinas   c. se rompía huesos   d. se enfermaba

6 **Preguntas** Answer the following questions in Spanish.

1. ¿Tiene fiebre Jimena? ¿Está mareada?

No, Jimena no tiene fiebre y no está mareada.

2. ¿Cuánto tiempo hace que a Jimena le duele la garganta? ¿Cuándo empezó a toser?

Hace dos días que a Jimena le duele la garganta y empezó a toser esta mañana.

3. Según (*According to*) don Diego, ¿qué es lo mejor para los dolores de cabeza?

Según don Diego, lo mejor para los dolores de cabeza es un vaso con/de agua y una aspirina.

4. ¿Cuantas veces se rompió el brazo Elena?

Elena se rompió el brazo dos veces.

5. ¿Qué le daban al hermanito de don Diego cuando le dolía la garganta?

Le daban miel con canela cuando le dolía la garganta.

7 **Preguntas personales** Answer these questions in Spanish. Answers will vary.

1. ¿Te gusta ir al/a la médico/a? ¿Por qué? _____

2. ¿Tienes muchas alergias? ¿Eres alérgico/a a algún medicamento? _____

3. ¿Cuándo es importante ir a la sala de emergencias? _____

4. ¿Qué haces cuando tienes fiebre y te duele la garganta? _____

Pronunciación

c (before a consonant) and q

In Spanish, the letter **c** before the vowels **a**, **o**, and **u** is pronounced like the *c* in the English word *car*. When the letter **c** appears before any consonant except **h**, it is also pronounced like the *c* in *car*.

clínica	bici**cl**eta	**cr**ema	do**ct**ora	o**ct**ubre

In Spanish, the letter **q** is always followed by an **u**, which is silent. The combination **qu** is pronounced like the *k* sound in the English word *kitten*. Remember that the sounds **kwa**, **kwe**, **kwi**, **kwo**, and **koo** are always spelled with the combination **cu** in Spanish, never with **qu**.

querer	par**qu**e	**qu**eso	**qu**ímica	mante**qu**illa

1 **Práctica** Repeat each word after the speaker, focusing on the **c** and **q** sounds.

1. quince	5. conductor	9. aquí
2. querer	6. escribir	10. ciclismo
3. pequeño	7. contacto	11. electrónico
4. equipo	8. increíble	12. quitarse

2 **Oraciones** When you hear the number, read the corresponding sentence aloud. Then listen to the speaker and repeat the sentence.

1. El doctor Cruz quiso sacarle un diente.

2. Clara siempre se maquilla antes de salir de casa.

3. ¿Quién perdió su equipaje?

4. Pienso comprar aquella camisa porque me queda bien.

5. La chaqueta cuesta quinientos cuarenta dólares, ¿no?

6. Esa clienta quiere pagar con tarjeta de crédito.

3 **Refranes** Repeat each saying after the speaker to practice the **c** and the **q** sounds.

1. Ver es creer. [1]

2. Quien mal anda, mal acaba. [2]

4 **Dictado** You will hear five sentences. Each will be said twice. Listen carefully and write what you hear.

1. Esta mañana Cristina se despertó enferma.

2. Le duele todo el cuerpo y no puede levantarse de la cama.

3. Cree que es la gripe y va a tener que llamar a la clínica.

4. Cristina no quiere perder otro día de clase, pero no puede ir porque está muy mareada.

5. Su madre va a escribirle un mensaje electrónico a la profesora Crespo porque hoy tiene un examen en su clase.

[1] *Seeing is believing.*

[2] *He who lives badly, ends badly.*

Estructura

4.1 The imperfect tense

1 **¿Cómo eran las cosas?** Complete the sentences with the imperfect forms of the verbs in parentheses.

1. Antes, la familia Álvarez _____cenaba_____ (cenar) a las ocho de la noche.

2. De niña, yo _____cantaba_____ (cantar) en el Coro de Niños de San Juan.

3. Cuando vivían en la costa, ustedes _____nadaban_____ (nadar) por las mañanas.

4. Mis hermanas y yo _____jugábamos_____ (jugar) en un equipo de béisbol.

5. La novia de Raúl _____tenía_____ (tener) el pelo rubio en ese tiempo.

6. Antes de tener la computadora, (tú) _____escribías_____ (escribir) a mano (by hand).

7. (nosotros) _____Creíamos_____ (creer) que el concierto era el miércoles.

8. Mientras ellos lo _____buscaban_____ (buscar) en su casa, él se fue a la universidad.

2 **Oraciones imperfectas** Create sentences with the elements provided and the imperfect tense.

1. mi abuela / ser / muy trabajadora y amable
Mi abuela era muy trabajadora y amable.

2. tú / ir / al teatro / cuando vivías en Nueva York
Tú ibas al teatro cuando vivías en Nueva York.

3. ayer / haber / muchísimos pacientes en el consultorio
Ayer había muchísimos pacientes en el consultorio.

4. (nosotros) / ver / tu casa desde allí
Veíamos tu casa desde allí.

5. ser / las cinco de la tarde / cuando llegamos a San José
Eran las cinco de la tarde cuando llegamos a San José.

6. ella / estar / muy nerviosa durante la operación
Ella estaba muy nerviosa durante la operación.

3 **No, pero antes...** Your nosy friend Cristina is asking you many questions. Answer her questions negatively, using the imperfect tense.

> **modelo**
> ¿Juega Daniel al fútbol?
> No, pero antes jugaba.

1. ¿Hablas por teléfono? No, pero antes hablaba.

2. ¿Fue a la playa Susana? No, pero antes iba.

3. ¿Come carne Benito? No, pero antes (la) comía.

4. ¿Te trajo muchos regalos tu novio? No, pero antes me (los) traía.

5. ¿Conduce tu mamá? No, pero antes conducía.

4 **¿Qué hacían?** Write sentences that describe what the people in the drawings were doing yesterday at three o'clock in the afternoon. Use the subjects provided and the imperfect tense. Answers may vary. Suggested answers:

1. Tú

Tú escribías cartas/postales.

_____

_____

2. Rolando

Rolando buceaba en el mar.

_____

_____

3. Pablo y Elena

Pablo y Elena jugaban a las cartas.

_____

_____

4. Lilia y yo

Lilia y yo tomábamos el sol.

_____

_____

5 **Antes y ahora** Javier is thinking about his childhood—how things were then and how they are now. Write two sentences comparing what Javier used to do and what he does now.

> **modelo**
>
> vivir en un apartamento pequeño / vivir en una casa grande
> Antes (yo) vivía en un apartamento pequeño.
> Ahora vivo en una casa grande.

1. jugar al fútbol con mis primos / jugar en el equipo del colegio

Antes jugaba al fútbol con mis primos. Ahora juego en el equipo del colegio.

_____

2. escribir las cartas a mano / escribir el correo electrónico con la computadora

Antes escribía las cartas a mano. Ahora escribo el correo electrónico con la computadora.

_____

3. ser gordito (*chubby*) / ser delgado

Antes era gordito. Ahora soy delgado.

_____

4. tener a mis primos cerca / tener a mis primos lejos

Antes tenía a mis primos cerca. Ahora tengo a mis primos lejos.

_____

5. estudiar en mi habitación / estudiar en la biblioteca

Antes estudiaba en mi habitación. Ahora estudio en la biblioteca.

_____

6. conocer a personas de mi ciudad / conocer a personas de todo el (*the whole*) país

Antes conocía a personas de mi ciudad. Ahora conozco a personas de todo el país.

_____

6 **Identificar** Listen to each sentence and circle the verb tense you hear.

1. a. present   b. preterite   (c.) imperfect   6. a. present   b. preterite   (c.) imperfect
2. a. present   (b.) preterite   c. imperfect   7. a. present   (b.) preterite   c. imperfect
3. a. present   b. preterite   (c.) imperfect   8. a. present   b. preterite   (c.) imperfect
4. (a.) present   b. preterite   c. imperfect   9. (a.) present   b. preterite   c. imperfect
5. a. present   (b.) preterite   c. imperfect   10. a. present   (b.) preterite   c. imperfect

7 **Cambiar** Form a new sentence using the cue you hear. Repeat the correct answer after the speaker.
(6 *items*)

> **modelo**
> Iban a casa. (Eva)
> Eva iba a casa.

8 **Preguntas** A reporter is writing an article about funny things people used to do when they were children. Answer her questions using the cues. Then repeat the correct response after the speaker.

> **modelo**
> *You hear:* ¿Qué hacía Miguel de niño?
> *You see:* ponerse pajitas (*straws*) en la nariz
> *You say:* Miguel se ponía pajitas en la nariz.

1. quitarse los zapatos en el restaurante   4. jugar con un amigo invisible
2. vestirnos con la ropa de mamá   5. usar las botas de su papá
3. sólo querer comer dulces   6. comer con las manos

9 **Llenar** Listen to this description of Ángela's medical problem and write the missing words.

(1) _____Sufría_____ Ángela porque (2) _____estornudaba_____ día y noche.

(3) _____Pensaba_____ que (4) _____tenía_____ un resfriado, pero se

(5) _____sentía_____ bastante saludable. Se (6) _____iba_____ de la biblioteca después

de poco tiempo porque les (7) _____molestaba_____ a los otros estudiantes. Sus amigas, Laura y

Petra, siempre le (8) _____decían_____ que (9) _____tenía_____ alguna alergia. Por fin,

decidió hacerse un examen médico. La doctora le dijo que ella (10) _____era_____

alérgica y que (11) _____había_____ muchas medicinas para las alergias. Finalmente, le

recetó unas pastillas. Al día siguiente (*following*), Ángela se (12) _____sentía_____ mejor

porque (13) _____sabía_____ cuál era el problema y ella dejó de estornudar después de

tomar las pastillas.

10

ESTUDIANTE 1

En el consultorio Tú y tu compañero/a tienen una lista incompleta con los pacientes que fueron al consultorio del doctor Donoso ayer. En parejas, conversen para completar sus listas y saber a qué hora llegaron las personas al consultorio y cuáles eran sus problemas.

Hora	Persona	Problema
9:15	La Sra. Talavera	dolor de cabeza
	Eduardo Ortiz	
	Mayela Guzmán	
10:30	El Sr. Gonsalves	dolor de oído
	La profesora Hurtado	
3:00	Ramona Reséndez	nerviosa
	La Srta. Solís	
4:30	Los Sres. Jaramillo	tos

10 ESTUDIANTE 2

En el consultorio Tú y tu compañero/a tienen una lista incompleta con los pacientes que fueron al consultorio del doctor Donoso ayer. En parejas, conversen para completar sus listas y saber a qué hora llegaron las personas al consultorio y cuáles eran sus problemas.

Hora	Persona	Problema
	La Sra. Talavera	
9:45	Eduardo Ortiz	dolor de estómago
10:00	Mayela Guzmán	congestionada
	El Sr. Gonsalves	
11:00	La profesora Hurtado	gripe
	Ramona Reséndez	
4:00	La Srta. Solís	resfriado
	Los Sres. Jaramillo	

4.2 The preterite and the imperfect

1 **Los accidentes** Complete the sentences correctly with imperfect or preterite forms of the verbs in parentheses.

1. Claudia _____celebraba_____ (celebrar) su cumpleaños cuando se torció el tobillo.

2. Ramiro tenía fiebre cuando _____llegó_____ (llegar) a la clínica.

3. Mientras el doctor _____miraba_____ (mirar) la radiografía, yo llamé por teléfono

   a mi novia.

4. (yo) _____Estaba_____ (estar) mirando la televisión cuando mi mamá se lastimó la mano

   con la puerta.

5. Cuando Sandra llegó a la universidad, _____tenía_____ (tener) un dolor de cabeza terrible.

6. ¿De niño (tú) _____te enfermabas_____ (enfermarse) con frecuencia?

7. El verano pasado, Luis y Olivia _____sufrieron_____ (sufrir) una enfermedad exótica.

8. Anoche, mi primo y yo _____perdimos_____ (perder) la receta de mi tía.

2 **Antes y ayer** Complete each pair of sentences by using the imperfect and preterite forms of the verbs in parentheses.

(bailar)

1. Cuando era pequeña, Sara _____bailaba_____ ballet todos los lunes y miércoles.

2. Ayer Sara _____bailó_____ ballet en el recital de la universidad.

(escribir)

3. La semana pasada, (yo) _____escribí_____ mi tarea en la computadora.

4. Antes (yo) _____escribía_____ la tarea a mano.

(ser)

5. El novio de María _____era_____ delgado y deportista.

6. El viaje de novios _____fue_____ una experiencia inolvidable (*unforgettable*).

(haber)

7. _____Hubo_____ una fiesta en casa de Maritere el viernes pasado.

8. Cuando llegamos a la fiesta, _____había_____ mucha gente.

(ver)

9. El lunes (yo) _____vi_____ a mi prima Lisa en el centro comercial.

10. De niña, yo _____veía_____ a Lisa todos los días.

3 **¿Qué pasaba?** Look at the drawings, then complete the sentences using the preterite or imperfect.

1. Cuando llegué a casa anoche, las

niñas _dormían/estaban dormidas_

_____ .

2. Cuando empezó a llover, Sara

_____ cerró la ventana _____

_____ .

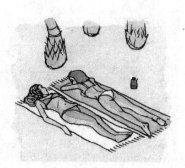

3. Antes de irse de vacaciones, la señora

García _____ compró una maleta _____

_____ .

4. Cada verano, las chicas

_____ tomaban el sol _____

_____ .

4 **El pasado** Decide whether the verbs in parentheses should be in the preterite or the imperfect. Then rewrite the sentences.

1. Ayer Clara (ir) a casa de sus primos, (saludar) a su tía y (comer) con ellos.

Ayer Clara fue a casa de sus primos, saludó a su tía y comió con ellos.

2. Cuando Manuel (vivir) en San José, (conducir) muchos kilómetros todos los días.

Cuando Manuel vivía en San José, conducía muchos kilómetros todos los días.

3. Mientras Carlos (leer) las traducciones (*translations*), Blanca (traducir) otros textos.

Mientras Carlos leía las traducciones, Blanca traducía otros textos.

4. El doctor (terminar) el examen médico y me (recetar) un antibiótico.

El doctor terminó el examen médico y me recetó un antibiótico.

5. La niña (tener) ocho años y (ser) inteligente y alegre.

La niña tenía ocho años y era inteligente y alegre.

6. Rafael (cerrar) todos los programas, (apagar) la computadora y (irse).

Rafael cerró todos los programas, apagó la computadora y se fue.

5 **¡Qué diferencia!** Complete this paragraph with the preterite or the imperfect of the verbs in parentheses.

La semana pasada (yo) (1) _____ llegué _____ (llegar) a la universidad y me di cuenta

(*realized*) de que este año iba a ser muy diferente a los anteriores. Todos los años Laura y yo

(2) _____ vivíamos _____ (vivir) con Regina, pero la semana pasada (nosotras)

(3) _____ conocimos _____ (conocer) a nuestra nueva compañera de cuarto, Gisela. Antes Laura,

Regina y yo (4) _____ teníamos _____ (tener) un apartamento muy pequeño, pero al llegar la

semana pasada, (nosotras) (5) _____ vimos _____ (ver) el apartamento nuevo: es enorme y

tiene mucha luz. Antes de vivir con Gisela, Laura y yo no (6) _____ podíamos _____ (poder) leer

el correo electrónico desde la casa, pero ayer Gisela (7) _____ conectó _____ (conectar) su

computadora a Internet y todas (8) _____ miramos _____ (mirar) nuestros mensajes. Antes

(nosotras) siempre (9) _____ caminábamos _____ (caminar) hasta la biblioteca para ver el correo,

pero anoche Gisela nos (10) _____ dijo _____ (decir) que podemos compartir su

computadora. ¡Qué diferencia!

6 **¿Dónde estabas?** Write questions and answers with the words provided. Ask where these people were when something happened.

> **modelo**
>
> Jimena ⟶ Marissa / salir a comer // cuarto / dormir la siesta
> ¿Dónde estaba Jimena cuando Marissa salió a comer?
> Jimena estaba en el cuarto. Dormía la siesta.

1. Miguel ⟶ (yo) / llamar por teléfono // cocina / lavar los platos

   ¿Dónde estaba Miguel cuando llamé por teléfono?

   Miguel estaba en la cocina. Lavaba los platos.

2. (tú) ⟶ Juan Carlos y yo / ir al cine // casa / leer una revista

   ¿Dónde estabas cuando Juan Carlos y yo fuimos al cine?

   Estaba en casa. Leía una revista.

3. tu hermano ⟶ empezar a llover // calle / pasear en bicicleta

   ¿Dónde estaba tu hermano cuando empezó a llover?

   Mi hermano estaba en la calle. Paseaba en bicicleta.

4. ustedes ⟶ Felipe / venir a casa // estadio / jugar al fútbol

   ¿Dónde estaban ustedes cuando Felipe vino a casa?

   Estábamos en el estadio. Jugábamos al fútbol.

5. Jimena y Felipe ⟶ (tú) / saludarlos // supermercado / hacer las compras

   ¿Dónde estaban Jimena y Felipe cuando los saludaste?

   Estaban en el supermercado. Hacían las compras.

7 **El diario de Laura** Laura has just found a page from her old diary. Rewrite the page in the past tense, using the preterite and imperfect forms of the verbs as appropriate.

Querido diario:

Estoy pasando el verano en Alajuela, y es un lugar muy divertido. Salgo con mis amigas todas las noches hasta tarde. Bailamos con nuestros amigos y nos divertimos mucho. Durante la semana trabajo: doy clases de inglés. Los estudiantes son alegres y se interesan mucho por aprender. El día de mi cumpleaños conocí a un chico muy simpático que se llama Francisco. Me llamó al día siguiente (*next*) y nos vemos todos los días. Me siento enamorada de él.

Estaba pasando el verano en Alajuela, y era un lugar muy divertido. Salía con mis amigas todas las noches hasta tarde.

Bailábamos con nuestros amigos y nos divertíamos mucho. Durante la semana, trabajaba: daba clases de inglés. Los

estudiantes eran alegres y se interesaban mucho por aprender. El día de mi cumpleaños conocí a un chico muy simpático

que se llamaba Francisco. Me llamó al día siguiente y nos veíamos todos los días. Me sentía enamorada de él.

_____

_____

_____

_____

_____

8 **Un día en la playa** Laura is still reading her old diary. Rewrite this paragraph, using the preterite or imperfect forms of the verbs in parentheses as appropriate.

Querido diario:

Ayer mi hermana y yo (ir) a la playa. Cuando llegamos, (ser) un día despejado con mucho sol, y nosotras (estar) muy contentas. A las doce (comer) unos sándwiches de almuerzo. Los sándwiches (ser) de jamón y queso. Luego (descansar) y entonces (nadar) en el mar. Mientras (nadar), (ver) a las personas que (practicar) el esquí acuático. (Parecer) muy divertido, así que (decidir) probarlo. Mi hermana (ir) primero, mientras yo la (mirar). Luego (ser) mi turno. Las dos (divertirse) mucho esa tarde.

Ayer mi hermana y yo fuimos a la playa. Cuando llegamos, era un día despejado con mucho sol, y nosotras estábamos muy

contentas. A las doce comimos unos sándwiches de almuerzo. Los sándwiches eran de jamón y queso. Luego descansamos

y entonces nadamos en el mar. Mientras nadábamos, vimos a las personas que practicaban el esquí acuático. Parecía

muy divertido, así que decidimos probarlo. Mi hermana fue primero, mientras yo la miraba. Luego fue mi turno. Las dos nos

divertimos mucho esa tarde.

_____

_____

_____

_____

9 **Identificar** Listen to each statement and identify the verbs in the preterite and the imperfect. Write them in the appropriate column.

> **modelo**
>
> *You hear:* Cuando llegó la ambulancia, el esposo estaba mareado.
> *You write:* **llegó** under *preterite,* and **estaba** under *imperfect.*

	preterite	imperfect
Modelo	llegó	estaba
1.	tomó	estaba
2.	lastimé	jugaba
3.	tenía	estudiaba
4.	estábamos	llegó
5.	dolió	sacó
6.	fui	recetó
7.	dolían	era
8.	llevó	dolía

10 **Responder** Answer the questions using the cues. Substitute direct object pronouns for the direct object nouns when appropriate. Repeat the correct response after the speaker.

> **modelo**
>
> *You hear:* ¿Por qué no llamaste al médico la semana pasada?
> *You see:* perder su número de teléfono
> *You say:* Porque perdí su número de teléfono.

1. en la mesa de la cocina
2. tener ocho años
3. lastimarse el tobillo
4. no, ponerla en la mochila

5. tomarse las pastillas
6. no, pero tener una grave infección de garganta
7. toda la mañana
8. (yo) necesitar una radiografía de la boca

4.3 Constructions with **se**

1 **¿Qué se hace?** Complete the sentences with verbs from the word bank. Use impersonal constructions with **se** in the present tense.

caer	hablar	recetar	vender
dañar	poder	servir	vivir

1. En Costa Rica ____se habla____ español.

2. En las librerías ____se venden____ libros y revistas.

3. En los restaurantes ____se sirve____ comida.

4. En los consultorios ____se recetan____ medicinas.

5. En el campo ____se vive____ muy bien.

6. En el mar ____se puede____ nadar y pescar.

2 **Los anuncios** Write advertisements or signs for the situations described. Use impersonal constructions with **se**.

1. "Está prohibido fumar".

> Se prohíbe fumar./No se debe fumar.

2. "Vendemos periódicos".

> Se venden periódicos.

3. "Hablamos español".

> Se habla español.

4. "Necesitamos enfermeras".

> Se necesitan enfermeras.

5. "No debes nadar".

> No se debe nadar./Se prohíbe nadar.

6. "Estamos buscando un auto usado".

> Se busca un auto usado.

3 **¿Qué les pasó?** Complete the sentences with the correct indirect object pronouns.

1. Se ____le____ perdieron las maletas a Roberto.

2. A mis hermanas se ____les____ cayó la mesa.

3. A ti se ____te____ olvidó venir a buscarme ayer.

4. A mí se ____me____ quedó la ropa nueva en mi casa.

5. A las tías de Ana se ____les____ rompieron los vasos.

6. A Isabel y a mí se ____nos____ dañó el auto.

Lección 4 Estructura Activities

4   **Los accidentes** Your classmates are very unlucky. Rewrite what happened to them, using the correct form of the verb in parentheses.

1. A Marina se le (cayó, cayeron) la bolsa.
   A Marina se le cayó la bolsa.

2. A ti se te (olvidó, olvidaron) comprarme la medicina.
   A ti se te olvidó comprarme la medicina.

3. A nosotros se nos (quedó, quedaron) los libros en el auto.
   A nosotros se nos quedaron los libros en el auto.

4. A Ramón y a Pedro se les (dañó, dañaron) la computadora.
   A Ramón y a Pedro se les dañó la computadora.

5   **Mala suerte** You and your family are trying to go on vacation, but everything is going wrong. Use the elements provided, the preterite tense, and constructions with **se** to write sentences.

> *modelo*
>
> (a Raquel) / olvidar / traer su pasaporte
> *Se le olvidó traer su pasaporte.*

1. (a papá) / perder / las llaves del auto
   Se le perdieron las llaves del auto.

2. (a mis hermanos) / olvidar / ponerse las inyecciones
   Se les olvidaron ponerse las inyecciones.

3. (a ti) / caer / los papeles del médico
   Se te cayeron los papeles del médico.

4. (a Marcos) / romper / su disco compacto favorito
   Se le rompió su disco compacto favorito.

5. (a mí) / dañar / la cámara durante el viaje
   Se me dañó la cámara durante el viaje.

6   **Contestar** As the vacation goes on, you and your family have more bad luck. Answer the questions, using the phrases in parentheses and the preterite tense.

> *modelo*
>
> ¿Qué le pasó a Roberto? (quedar la cámara nueva en casa)
> *Se le quedó la cámara nueva en casa.*

1. ¿Qué les pasó a mamá y a papá? (dañar el coche)
   Se les dañó el coche.

2. ¿Qué les pasó a Sara y a Raquel? (romper las gafas de sol [*sunglasses*])
   Se les rompieron las gafas de sol.

3. ¿Qué te pasó a ti? (perder las llaves del hotel)
   Se me perdieron las llaves del hotel.

4. ¿Qué les pasó a ustedes? (quedar las toallas en la playa)
   Se nos quedaron las toallas en la playa.

5. ¿Qué le pasó a Hugo? (olvidar estudiar para el examen en el avión)
   Se le olvidó estudiar para el examen en el avión.

7 **Escoger** Listen to each question and choose the most logical response.

1. a. Ay, se te quedó en casa.
   b.) Ay, se me quedó en casa.
2. a.) No, se le olvidó llamarlo.
   b. No, se me olvidó llamarlo.
3. a.) Se le rompieron jugando al fútbol.
   b. Se les rompieron jugando al fútbol.

4. a. Ay, se les olvidaron.
   b.) Ay, se nos olvidó.
5. a.) No, se me perdió.
   b. No, se le perdió.
6. a.) Se nos rompió.
   b. Se le rompieron.

8 **Preguntas** Answer each question you hear using the cue and the impersonal **se**. Repeat the correct response after the speaker.

> **modelo**
>
> *You hear:* ¿Qué lengua se habla en Costa Rica?
> *You see:* español
> *You say:* Se habla español.

1. a las seis
2. gripe
3. en la farmacia

4. en la caja
5. en la Oficina de Turismo
6. tomar el autobús #3

9 **Letreros (*Signs*)** Some or all of the type is missing on the signs. Listen to the speaker and write the appropriate text below each sign. The text for each sign will be repeated.

(3.) Se sale por la derecha. _____
_____
_____

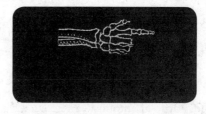

(4.) ¡No se puede hacer radiografías a mujeres
embarazadas! Favor de informar a la enfermera si
piensa que está embarazada.

(1.) Se venden casas y apartamentos.
Precios razonables. _____
_____

**SE PROHÍBE
NADAR**

(2.) ¡Nos preocupamos por su seguridad! Se prohíbe
nadar en el mar. _____

Audio Activities

4.4 Adverbs

1

En mi ciudad Complete the sentences by changing the adjectives in the first sentences into adverbs in the second.

1. Los conductores son lentos. Conducen _____lentamente_____.

2. Esa doctora es amable. Siempre nos saluda _____amablemente_____.

3. Los autobuses de mi ciudad son frecuentes. Pasan por la parada _____frecuentemente_____.

4. Rosa y Julia son chicas muy alegres. Les encanta bailar y cantar _____alegremente_____.

5. Mario y tú hablan un español perfecto. Hablan español _____perfectamente_____.

6. Los pacientes visitan al doctor de manera constante. Lo visitan _____constantemente_____.

7. Llegar tarde es normal para David. Llega tarde _____normalmente_____.

8. Me gusta trabajar de manera independiente. Trabajo _____independientemente_____.

2

Completar Complete the sentences with adverbs and adverbial expressions from the word bank. Do not use a term more than once.

a menudo	así	por lo menos
a tiempo	bastante	pronto
apenas	casi	

1. Tito no es un niño muy sano. Se enferma _____a menudo_____.

2. El doctor Garrido es muy puntual. Siempre llega al consultorio _____a tiempo_____.

3. Mi madre visita al doctor con frecuencia. Se chequea _____por lo menos_____ una vez cada año.

4. Fui al doctor el año pasado. Tengo que volver _____pronto_____.

5. Llegué tarde al autobús; _____así_____ que tengo que ir al centro caminando.

6. El examen fue _____bastante_____ difícil.

3

Traducir Complete the sentences with the adverbs or adverbial phrases that correspond to the words in parentheses.

1. Llegaron temprano al concierto; _____así_____ (*so*), consiguieron asientos muy buenos.

2. El accidente fue _____bastante_____ (*rather*) grave, pero al conductor no se le rompió ningún hueso.

3. Irene y Vicente van a comer _____menos_____ (*less*) porque quieren estar más delgados.

4. Silvia y David _____casi_____ (*almost*) se cayeron de la motocicleta cerca de su casa.

5. Para aprobar (*pass*) el examen, tienes que contestar _____por lo menos/al menos_____ (*at least*) el 75 por ciento de las preguntas.

6. Mi mamá _____a veces_____ (*sometimes*) se tuerce el tobillo cuando camina mucho.

4 **Háblame de ti** Answer the questions using the adverbs and adverbial phrases that you learned in this lesson. Do not repeat the adverb or adverbial phrase of the question. Then, say how long it's been since you last did each activity. Answers will vary.

> **modelo**
>
> ¿Vas a la playa siempre?
>
> No, voy a la playa a veces. Hace cuatro meses que no voy a la playa.

1. ¿Tú y tus amigos van al cine con frecuencia?

   _____

2. ¿Comes comida china?

   _____

3. ¿Llegas tarde a tu clase de español?

   _____

4. ¿Te enfermas con frecuencia?

   _____

5. ¿Comes carne?

   _____

Síntesis

Think of a summer in which you did a lot of different things on vacation or at home. Use the preterite to state exceptional situations or activities that you did just once. Then use the imperfect tense to state the activities that you used to do during that summer; mention which of those things you still do in the present. Use adverbs to answer these questions: How often did you do those activities then? How often do you do them now? Create a "photo album" of that summer, using actual photographs if you have them, or drawings that you make. Use your writing about the summer as captions for the photo album. Answers will vary.

_____

_____

_____

_____

_____

_____

_____

_____

Lección 4 Estructura Activities

5 **Elegir** Listen to each statement and circle the word or phrase that best completes it.

1. a. casi   b. mal   c. ayer
2. a. con frecuencia   b. además   c. ayer
3. a. poco   b. tarde   c. bien
4. a. a menudo   b. muy   c. menos
5. a. así   b. apenas   c. tranquilamente
6. a. bastante   b. a tiempo   c. normalmente

6 **Cambiar** Form a new sentence by changing the adjective to an adverb. Repeat the correct answer after the speaker.

> **modelo**
> *You hear:* Juan dibuja.
> *You see:* fabuloso
> *You say:* Juan dibuja fabulosamente.

1. regular   4. constante
2. rápido   5. general
3. feliz   6. fácil

7 **Preguntas** Answer each question you hear in the negative, using the cue. Repeat the correct response after the speaker.

> **modelo**
> *You hear:* ¿Salió bien la operación?
> *You see:* mal
> *You say:* No, la operación salió mal.

1. lentamente   4. nunca
2. tarde   5. tristemente
3. muy   6. poco

8 **Situaciones** You will hear four brief conversations. Choose the phrase that best completes each sentence.

1. Mónica...
   a. llegó tarde al aeropuerto.
   b. casi perdió el avión a San José.
   c. decidió no ir a San José.

2. Pilar...
   a. se preocupa por la salud de Tomás.
   b. habla con su médico.
   c. habla con Tomás sobre un problema médico.

3. La señora Blanco...
   a. se rompió la pierna hoy.
   b. quiere saber si puede correr mañana.
   c. se lastimó el tobillo hoy.

4. María está enojada porque Vicente...
   a. no va a recoger (*to pick up*) su medicina.
   b. no recogió su medicina ayer.
   c. no debe tomar antibióticos.

Escritura

Estrategia
Mastering the simple past tenses

In Spanish, when you write about events that occurred in the past, you will need to know when to use the preterite and when to use the imperfect tense. A good understanding of each tense will make it much easier to determine which one to use as you write.

Look at the summary of the uses of the preterite and the imperfect and write your own example sentence for each of the rules described.

Preterite vs. imperfect
Preterite
1. Actions viewed as completed

_____
_____

2. Beginning or end of past actions

_____
_____

3. Series of past actions

_____
_____

Imperfect
1. Ongoing past actions

_____
_____

2. Habitual past actions

_____
_____

3. Mental, physical, and emotional states and characteristics in the past

_____
_____

Get together with a few classmates to compare your example sentences. Then use these sentences and the chart as a guide to help you decide which tense to use as you are completing the following writing assignment.

Tema
Escribir una historia

Antes de escribir

1. Trabaja con un(a) compañero/a de clase para hablar de alguna experiencia que han tenido con una enfermedad, un accidente u otro problema médico. Tu historia puede ser real o imaginaria, y puede tratarse de un incidente divertido, humorístico o desastroso. Incluye todos los detalles relevantes. Consulta la lista de sugerencias con detalles que puedes incluir. Apunta tus ideas.

   ► Descripción del/de la paciente
      Nombre y apellidos
      Edad
      Características físicas
      Historial médico
   ► Descripción de los síntomas
      Enfermedades
      Accidente
      Problemas médicos
   ► Descripción del tratamiento (*treatment*)
      Tratamientos
      Recetas
      Operaciones

Writing Activities

Nombre _____   Fecha _____

2. Una vez que hayan hablado de sus experiencias, cada uno/a debe escoger una para elaborar en su historia escrita.

Analiza los elementos de tu historia, usando el siguiente diagrama para enfocarte en los usos del pretérito y del imperfecto. Establece una correlación entre algunos de los detalles (paciente, síntomas y tratamiento) y el uso del pretérito o del imperfecto. Escribe los detalles que se relacionan con el imperfecto en la sección IMPERFECTO. Escribe los detalles de las acciones pasadas en las líneas marcadas PRETÉRITO.

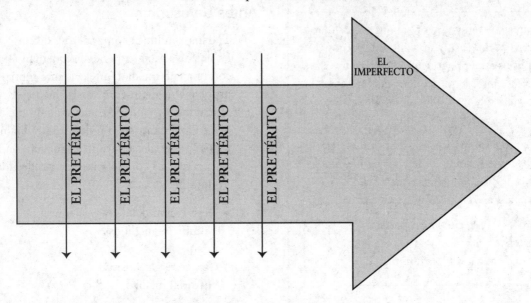

3. Después de completar el diagrama, intercámbialo con tu compañero/a. Túrnense para hablar de los dos diagramas. ¿Hay algo que cambiarías (*you would change*) en el diagrama de tu compañero/a? ¿Por qué?

Escribir

Usa el diagrama y escribe el borrador (*draft*) de tu historia. Escribe tres párrafos cortos: el primero trata del/de la paciente y cómo era antes de tener el problema. El segundo describe qué paso con respecto a la enfermedad, el accidente u otro problema médico. El tercero describe el tratamiento y como se resolvió el problema.

Después de escribir

1. Intercambia tu borrador con un(a) compañero/a de clase. Coméntalo y contesta estas preguntas.

   ▶ ¿Usó tu compañero/a formas del pretérito y del imperfecto correctamente, según las situaciones indicadas?

   ▶ ¿Escribió él/ella tres párrafos completos que corresponden a una descripción del/de la paciente, una del problema y una del tratamiento? ¿Incluyó él/ella la resolución del problema en el tercer párrafo?

   ▶ ¿Qué detalles añadirías (*would you add*)? ¿Cuáles quitarías (*would you delete*)? ¿Qué otros comentarios tienes para tu compañero/a?

2. Revisa tu historia según los comentarios de tu compañero/a. Después de escribir la versión final, léela otra vez para eliminar errores de:

   ▶ ortografía

   ▶ signos de puntuación

   ▶ concordancia entre sustantivos y adjetivos

   ▶ concordancia entre sujeto y verbo

   ▶ conjugación de verbos (formas, personas y tiempos)

La salud

Antes de ver el video

1 **Más vocabulario** Look over these useful words before you watch the video.

Vocabulario útil		
atender *to treat; to see (in a hospital)*	**cumplir (una función)** *to fulfill (a function/role)*	**gratuito/a** *free (of charge)*
atendido/a *treated*	**esperar** *to wait*	**herido/a** *injured*
brindar *to offer*	**estar de guardia** *to be on call*	**el reportaje** *story*
chocar *to crash*	**golpeado/a** *bruised*	**se atienden pacientes** *patients are treated*

2 **¡En español!** Look at the video still. Imagine what Silvina will say about hospitals in Argentina, and write a two- or three-sentence introduction to this episode. Answers will vary.

Silvina Márquez, Argentina

¡Hola a todos! Hoy estamos en… _____

_____

_____

_____

_____

_____

Mientras ves el video

3 **Problemas de salud** Match these statements to their corresponding video stills.

1. _b_

2. _e_

3. _d_

a. Tengo dolor de cabeza y me golpeé la cabeza.

d. Me chocó una bici.

b. Mi abuela estaba con un poco de tos.

e. Me salió una alergia.

c. Estoy congestionada.

4 **Completar** Watch Silvina interview a patient, and complete this conversation.

SILVINA ¿Y a vos qué te pasa? ¿Por qué estás aquí en la (1)_____guardia_____?

PACIENTE Porque me salió una (2)_____alergia_____ en la (3)_____espalda_____ hace dos días y quería saber qué tenía. ¿Y a vos qué te pasó?

SILVINA Yo tuve un accidente. Me (4)_____chocó_____ una bici en el centro y mirá cómo quedé...

PACIENTE ... toda lastimada (*hurt*)...

SILVINA Sí, y aquí también, aquí también... Estoy toda (5)_____golpeada_____.

Después de ver el video

5 **Ordenar** Put Silvina's actions in the correct order.

___3___ a. Le dio sus datos personales a la enfermera.

___2___ b. Llegó a la guardia del hospital.

___5___ c. Fue atendida por el doctor.

___1___ d. Tuvo un accidente con una bicicleta.

___4___ e. Entrevistó a pacientes.

6 **El sistema de salud en Argentina** Identify the main characteristics of the health system in Argentina. Use these guiding questions. Answers will vary.

1. ¿Cómo es el sistema de salud: público, privado o mixto?

2. ¿Hay que pagar en los hospitales públicos?

3. ¿Qué son las guardias?

4. ¿Hay que esperar mucho para ser atendido/a?

5. ¿Cómo es la carrera de medicina?

6. ¿Qué similitudes y diferencias existen entre el sistema de salud de Argentina y el de tu país?

7 **¿Un pequeño accidente?** You were exploring the city of Buenos Aires when an aggressive pedestrian knocked you to the ground. You arrived in great pain at the **guardia** only to find the wait very long. Write your conversation with a nurse in which you explain your symptoms to convince him/her that this is *not* a minor accident and you should receive immediate care. Answers will vary.

_____

_____

_____

_____

_____

_____

_____

_____

_____

Nombre _____   Fecha _____

Panorama

Costa Rica

1 **El mapa de Costa Rica** Label the map of Costa Rica.

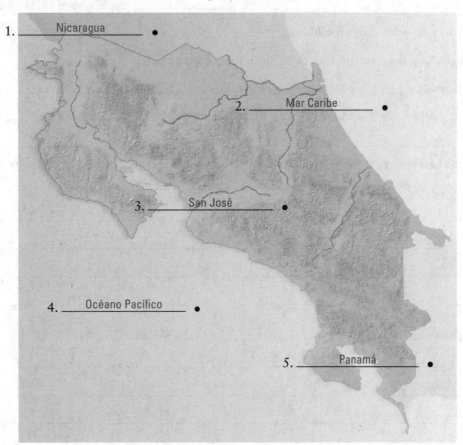

1. _____ Nicaragua _____ •
2. _____ Mar Caribe _____ •
3. _____ San José _____ •
4. _____ Océano Pacífico _____ •
5. _____ Panamá _____ •

2 **¿Cierto o falso?** Indicate whether the statements are **cierto** or **falso**. Correct the false statements.

1. Los parques nacionales costarricenses se establecieron para el turismo.

   Falso. Los parques nacionales costarricenses se establecieron para la protección de la biodiversidad.

2. Costa Rica fue el primer país centroamericano en desarrollar la industria del café.

   Cierto.

3. El café representa más del 50% de las exportaciones anuales de Costa Rica.

   Falso. El café representa cerca del 15% de las exportaciones anuales de Costa Rica.

4. Costa Rica tiene un nivel de alfabetización del 96%.

   Cierto.

5. El ejército de Costa Rica es uno de los más grandes y preparados de Latinoamérica.

   Falso. Costa Rica eliminó el ejército en 1948.

6. En Costa Rica se eliminó la educación gratuita para los costarricenses.

   Falso. En 1948 Costa Rica hizo obligatoria y gratuita la educación para todos los costarricenses.

Lección 4 Panorama Activities

3 **Costa Rica** Complete the sentences with the correct words.

1. Costa Rica es el país de Centroamérica con la población más _____ homogénea _____.

2. La moneda que se usa en Costa Rica es _____ el colón costarricense _____.

3. Costa Rica no tiene _____ ejército _____; puede invertir más dinero en la educación y las artes como resultado.

4. En el siglo XIX los costarricenses empezaron a exportar su café a _____ Inglaterra _____.

5. Hoy día más de 50.000 costarricenses trabajan _____ cultivando el/en el cultivo del _____ café.

6. El edificio del Museo Nacional de Costa Rica es el antiguo _____ cuartel del ejército _____.

4 **Datos costarricenses** Fill in the blanks with the correct information. Order of answers will vary.

En los parques nacionales de Costa Rica, los ecoturistas pueden ver:

1. _____ cataratas _____   5. _____ monos _____

2. _____ montañas _____   6. _____ jaguares _____

3. _____ plantas exóticas _____   7. _____ armadillos _____

4. _____ quetzales _____   8. _____ mariposas _____

Costa Rica es uno de los países más progresistas del mundo porque:

9. Tiene un nivel de alfabetización del 96%. _____

10. En 1870 eliminó la pena de muerte. _____

11. En 1948 eliminó el ejército. _____

12. En 1948 hizo obligatoria y gratuita la educación para todos los costarricenses. _____

5 **Completar** Use impersonal constructions with **se** to complete the sentences. Be sure to use the correct tense of the verbs in the word bank.

> **modelo**
> En Costa Rica ahora *se pone* más dinero en la educación y las artes.

comprar	establecer	eliminar	poder
empezar	invertir	ofrecer	proveer

1. En Costa Rica _____ se compra _____ y se vende en colones.

2. El sistema de parques nacionales _____ se estableció _____ para la protección de los ecosistemas.

3. En los parques, los animales _____ se pueden _____ ver en su hábitat natural.

4. En el siglo XIX _____ se empezó _____ a exportar el café costarricense.

5. En Costa Rica _____ se ofrece _____ educación gratuita a todos los ciudadanos.

6. En 1871 _____ se eliminó _____ la pena de muerte en Costa Rica.

Panorama: Costa Rica

Antes de ver el video

1 **Más vocabulario** Look over these useful words and expressions before you watch the video.

Vocabulario útil		
bosque *forest*	**guía certificado** *certified guide*	**riqueza** *wealth*
conservar *to preserve*	**nuboso** *cloudy*	**tiendas de campaña** *camping tents*
cubierto *covered*	**permitir** *to allow*	**tocar** *to touch*
entrar *to enter*	**regla** *rule*	**tortugas marinas** *sea turtles*

2 **Foto** Describe the video still. Write at least three sentences in Spanish. Answers will vary.

_____

_____

_____

_____

_____

_____

3 **Categorías** Categorize the words listed in the word bank.

> bosque   guía   pedir   sacar
> diferentes   hermosos   permite   Tortuguero
> entrar   Monteverde   playa   turistas
> exóticas   nuboso   pueblos   visitantes
> frágil

Lugares	Personas	Verbos	Adjetivos
bosque	guía	entrar	diferentes
Monteverde	turistas	pedir	exóticas
playa	visitantes	permite	frágil
pueblos		sacar	hermosos
Tortuguero			nuboso

Lección 4 Panorama cultural Video Activities

Mientras ves el video

4   **Marcar** While watching the video, check off the rules that have been put in place to protect nature.

  ✔ 1. En el parque Monteverde no pueden entrar más de 150 personas al mismo tiempo.

_____ 2. Los turistas tienen que dormir en tiendas de campaña.

_____ 3. Los turistas no pueden visitar Tortuguero en febrero.

  ✔ 4. Después de las 6 p.m. no se permite ir a la playa sin un guía certificado.

  ✔ 5. Los turistas no pueden tocar las tortugas.

_____ 6. En Tortuguero está prohibido tomar fotografías.

Después de ver el video

5   **Completar** Complete the sentences with words from the word bank.

acampan	entrar	pasan	prohíbe
conservan	estudiar	prefieren	transportan

1. En Monteverde se _____conservan_____ más de dos mil especies diferentes de animales.

2. En este parque no pueden _____entrar_____ más de 150 personas al mismo tiempo.

3. Algunos turistas _____acampan_____ en Monteverde.

4. Otros _____prefieren_____ ir a los hoteles de los pueblos que están cerca de Monteverde.

5. Se _____prohíbe_____ sacar fotografías.

6   **Preferencias** Write a brief paragraph in Spanish where you describe which place(s) you would like to visit in Costa Rica and why. Answers will vary.

_____

_____

_____

_____

_____

_____

_____

_____

_____

Contextos

1 **La tecnología** Fill in the blanks with the correct terms.

1. Para navegar en la red sin cables (*wires*) necesitas una conexión inalámbrica _____.

2. Para hacer videos de tu familia puedes usar una cámara de video _____.

3. Cuando vas a un sitio web, lo primero (*the first thing*) que ves es la página principal _____.

4. Si alguien te llama a tu celular y no respondes, te puede dejar un mensaje en el correo de voz _____.

5. La red de computadoras y servidores más importante del mundo es Internet _____.

6. Para encontrar información en la red, usas un buscador _____.

2 **Eso hacían** Match a subject from the word bank to each verb phrase. Then write complete sentences for the pairs using the imperfect.

| muchos jóvenes estadounidenses | el conductor del autobús | el mecánico de Jorge |
| el carro viejo | la impresora nueva | el teléfono celular |

1. manejar lentamente por la nieve

   El conductor del autobús manejaba lentamente por la nieve.

2. imprimir los documentos muy rápido

   La impresora nueva imprimía los documentos muy rápido.

3. revisarle el aceite al auto todos los meses

   El mecánico de Jorge le revisaba el aceite al auto todos los meses.

4. sonar insistentemente, pero nadie responder

   El teléfono celular sonaba insistentemente, pero nadie respondía.

5. no arrancar cuando llover

   El carro viejo no arrancaba cuando llovía.

6. navegar en Internet cuando eran niños

   Muchos jóvenes estadounidenses navegaban en Internet cuando eran niños.

3 **La computadora** Label the drawing with the correct terms.

1. ___ el monitor ___

2. ___ la pantalla ___

5. ___ la impresora ___

3. ___ el teclado ___

4. ___ el ratón ___

6. ___ el reproductor de MP3

7. ___ el disco compacto/el cederrón

4 **Contestar** Answer the questions with complete sentences.

1. ¿Para qué se usa la impresora?

   La impresora se usa para imprimir.

2. ¿Para qué se usan los frenos (*brakes*) del coche?

   Los frenos del coche se usan para parar.

3. ¿Qué se usa para conducir por carreteras que no conoces?

   El navegador GPS se usa para conducir por carreteras que no conoces.

4. ¿Qué se usa para llevar el carro a la derecha o a la izquierda?

   El volante se usa para llevar el carro a la derecha o a la izquierda.

5. ¿Qué se usa para cambiar los canales del televisor?

   El control remoto se usa para cambiar los canales del televisor.

6. ¿Para qué se usa la llave del carro?

   La llave del carro se usa para arrancar.

5 **Mi primer día en la carretera** Complete the paragraph with terms from the word bank.

accidente	estacionar	policía
aceite	lento	revisar
arrancar	licencia de conducir	subir
autopista	llanta	taller mecánico
calle	lleno	tráfico
descargar	parar	velocidad máxima

Después de dos exámenes, conseguí mi (1) ___licencia de conducir___ para poder manejar legalmente

por primera vez. Estaba muy emocionado cuando (2) ___subí___ al carro de mi papá.

El tanque estaba (3) ___lleno___ y el (4) ___aceite___ lo revisaron el día

anterior (*previous*) en el (5) ___taller mecánico___. El carro y yo estábamos listos para

(6) ___arrancar___. Primero salí por la (7) ___calle___ en donde está mi

casa. Luego llegué a un área de la ciudad donde había mucha gente y también mucho

(8) ___tráfico___. Se me olvidó (9) ___parar___ en el semáforo (*light*), que

estaba amarillo, y estuve cerca de tener un (10) ___accidente___. Sin saberlo, entré en la

(11) ___autopista___ interestatal (*interstate*). La (12) ___velocidad máxima___ era de 70

millas (*miles*) por hora, pero yo estaba tan nervioso que iba mucho más (13) ___lento___,

a 10 millas por hora. Vi un carro de la (14) ___policía___ y tuve miedo. Por eso volví a

casa y (15) ___estacioné___ el carro en la calle. ¡Qué aventura!

6 Asociaciones Circle the word or words that are not logically associated with each word you hear.

1. la impresora (la velocidad) la pantalla
2. guardar imprimir (funcionar)
3. la carretera el motor (el sitio web)
4. el tanque (el ratón) el aceite
5. conducir (el cibercafé) (el reproductor de MP3)
6. (el archivo) la televisión (la llanta)

7 ¿Lógico o ilógico? You will hear some statements. Decide if they are **lógico** or **ilógico**.

	Lógico	Ilógico			Lógico	Ilógico
1.	○	◉		4.	◉	○
2.	◉	○		5.	◉	○
3.	○	◉		6.	○	◉

8 Identificar For each drawing, you will hear two statements. Choose the statement that best corresponds to the drawing.

1. (a.) b.   2. a. (b.)

3. (a.) b.   4. (a.) b.

Lección 5

Audio Activities

Lección 5

Video Activities: Fotonovela

En el taller

Antes de ver el video

1 **¿Qué pasa?** In this image, where do you think Miguel is? What do you think he is doing and why?

Answers will vary.

_____
_____
_____
_____
_____
_____
_____
_____

Mientras ves el video

2 **¿Qué oíste?** Watch **En el taller** and place a check mark beside what you hear.

____ 1. ¿Cuál es tu dirección electrónica?

✔ 2. ¿Está descompuesta tu computadora?

✔ 3. ¿Y revisaste el aceite?

____ 4. El navegador GPS también está descompuesto.

✔ 5. Mal día para la tecnología, ¿no?

✔ 6. ¡Te están llamando!

✔ 7. Se me acabó la pila.

____ 8. Me gusta mucho la televisión por cable.

✔ 9. ¿Me pasas la llave?

✔ 10. No manejes con el cofre abierto.

3 **¿Qué viste?** Place a check mark beside what you see.

✔ 1. un teléfono celular

✔ 2. una llave

✔ 3. el cofre de un coche

____ 4. un reproductor de CD

✔ 5. un mecánico

____ 6. la pantalla de un televisor

____ 7. una arroba

____ 8. una cámara de video

✔ 9. un taller mecánico

____ 10. un archivo

4 **¿Quién lo dice?** Write the name of the person who said each sentence.

___Jorge___ 1. ¿Quién es el mecánico?

___Maru___ 2. Está descargando el programa antivirus ahora.

___Miguel___ 3. Acaba de enviarme un mensaje de texto.

___Jorge___ 4. Este coche tiene más de 150.000 kilómetros.

___Maru___ 5. Por favor, ¡arréglalo!

Después de ver el video

5   **Corregir** Rewrite these statements so they are true.

1. Miguel le llevó su coche a Felipe, el mecánico.

   <u>Miguel le llevó su coche a Jorge, el mecánico.</u>

2. La computadora de Maru funciona muy bien.

   <u>La computadora de Maru está descompuesta.</u>

3. Jorge no tiene problemas para arreglar el coche de Miguel.

   <u>Jorge tiene problemas para arreglar el coche de Miguel.</u>

4. Se le acabó la pila al teléfono celular de Miguel.

   <u>Se le acabó la pila al teléfono celular de Maru.</u>

5. Maru necesita una cámara digital nueva y Miguel necesita un reproductor de MP3 nuevo.

   <u>Maru necesita una computadora nueva y Miguel necesita un coche nuevo.</u>

6. Jorge le dice a Miguel que revise el aceite cada mil kilómetros.

   <u>Jorge le dice a Miguel que revise el aceite cada mil quinientos kilómetros.</u>

6   **Un mensaje** Imagine that Maru is writing a short message to a friend about today's events. Write in Spanish what you think she would say. Answers will vary.

_____

_____

_____

_____

_____

_____

7   **Preguntas personales** Answer these questions in Spanish. Answers will vary.

1. Cuando tu carro o el carro de tu padre/madre está descompuesto, ¿lo llevan a un(a) mecánico/a o lo arreglan ustedes mismos?

   ¿Por qué? _____

   _____

   _____

2. ¿Conoces a un(a) buen(a) mecánico/a? ¿Cómo se llama? _____

   _____

   _____

3. ¿Tienes un teléfono celular? ¿Para qué lo usas? _____

   _____

   _____

Pronunciación

c (before e or i), s, and z

In Latin America, **c** before **e** or **i** sounds much like the *s* in *sit*.

medi**c**ina **c**elular cono**c**er pa**c**iente

In parts of Spain, **c** before **e** or **i** is pronounced like the *th* in *think*.

condu**c**ir poli**c**ía **c**ederrón velo**c**idad

The letter **s** is pronounced like the *s* in *sit*.

subir be**s**ar **s**onar impre**s**ora

In Latin America, the Spanish **z** is pronounced like the **s**.

cabe**z**a nari**z** abra**z**ar embara**z**ada

The **z** is pronounced like the *th* in *think* in parts of Spain.

zapatos **z**ona pla**z**a bra**z**o

---

1 **Práctica** Repeat each word after the speaker to practice pronouncing **s**, **z**, and **c** before **i** and **e**.

1. funcionar 4. sitio 7. zanahoria 10. perezoso
2. policía 5. disco 8. marzo 11. quizás
3. receta 6. zapatos 9. comenzar 12. operación

---

2 **Oraciones** When you hear each number, read the corresponding sentence aloud. Then listen to the speaker and repeat the sentence.

1. Vivió en Buenos Aires en su niñez, pero siempre quería pasar su vejez en Santiago.
2. Cecilia y Zulaima fueron al centro a cenar al restaurante Las Delicias.
3. Sonó el despertador a las seis y diez, pero estaba cansado y no quiso oírlo.
4. Zacarías jugaba al baloncesto todas las tardes después de cenar.

---

3 **Refranes** Repeat each saying after the speaker to practice pronouncing **s**, **z**, and **c** before **i** and **e**.

1. Zapatero, a tus zapatos. [1]
2. Primero es la obligación que la devoción. [2]

---

4 **Dictado** You will hear a friend describing Azucena's weekend experiences. Listen carefully and write what you hear during the pauses. The entire passage will be repeated so that you can check your work.

El sábado pasado Azucena iba a salir con Francisco. Se subió al carro e intentó arrancarlo, pero no funcionaba.

El carro tenía gasolina y, como revisaba el aceite con frecuencia, sabía que tampoco era eso. Decidió tomar un autobús

cerca de su casa. Se subió al autobús y comenzó a relajarse. Debido a la circulación llegó tarde, pero se alegró de ver que

Francisco estaba esperándola.

_____

_____

---

[1] *Stick to what you know. (lit. Shoemaker, to your shoes.)*
[2] *Business before pleasure.*

Estructura

5.1 Familiar commands

1 **Cosas por hacer** Read the list of things to do. Then use familiar commands to finish the e-mail from Ana to her husband, Eduardo, about the things that he has to do before their vacation.

> comprar un paquete de papel para la impresora
> ir al sitio web de la agencia de viajes y pedir la
>   información sobre nuestro hotel
> imprimir la información
> terminar de hacer las maletas
>
> revisar el aceite del carro
> comprobar que tenemos una llanta extra
> limpiar el parabrisas
> llenar el tanque de gasolina
> venir a buscarme a la oficina

Para Eduardo	De Ana	Asunto Cosas por hacer

Hola mi amor, éstas son las cosas por hacer antes de salir para Mar del Plata:
Compra un paquete de papel para la impresora. Ve al sitio web de la agencia de viajes y pide la
información sobre nuestro hotel. Imprime la información. Termina de hacer las maletas. Revisa el
aceite del carro. Comprueba que tenemos una llanta extra. Limpia el parabrisas. Llena el tanque
de gasolina. Ven a buscarme a la oficina.

2 **Díselo** You are feeling bossy today. Give your friends instructions based on the cues provided using familiar commands.

> **modelo**
> Ramón / comprarte un disco compacto en Mendoza
> *Ramón, cómprame un disco compacto en Mendoza.*

1. Mario / traerte la cámara digital que le regaló Gema

   Mario, tráeme la cámara digital que te regaló Gema.

2. Natalia / escribirle un mensaje de texto a su hermana

   Natalia, escríbele un mensaje de texto a tu hermana.

3. Martín / llamarlos por teléfono celular

   Martín, llámalos por teléfono celular.

4. Gloria / hacer la cama antes de salir

   Gloria, haz la cama antes de salir.

5. Carmen / no revisar el aceite hasta la semana que viene

   Carmen, no revises el aceite hasta la semana que viene.

6. Lilia / enseñarte a manejar

   Lilia, enséñame a manejar.

Lección 5

3 **Planes para el invierno** Rewrite this paragraph from a travel website. Use familiar commands instead of the infinitives you see.

Este invierno, (decirles) adiós al frío y a la nieve. (Descubrir) una de las más grandes maravillas (*marvels*) naturales del mundo (*world*). (Ir) al Parque Nacional Iguazú en Argentina y (visitar) las hermosas cascadas. (Explorar) el parque y (mirar) las más de 400 especies de pájaros y animales que viven ahí. (Visitar) este santuario de la naturaleza en los meses de enero a marzo y (disfrutar) de una temperatura promedio de 77°F. Para unas vacaciones de aventura, (hacer) un safari por la selva (*jungle*) o (reservar) una excursión por el río Iguazú. De noche, (dormir) en uno de nuestros exclusivos hoteles en medio de la selva. (Respirar) el aire puro y (probar) la deliciosa comida de la región.

Invierno en Argentina

Este invierno, diles adiós al frío y a la nieve. Descubre una de las más grandes maravillas naturales del mundo. Ve al

Parque Nacional Iguazú en Argentina y visita las hermosas cascadas. Explora el parque y mira las más de 400 especies de

pájaros y animales que viven ahí. Visita este santuario de la naturaleza en los meses de enero a marzo y disfruta de una

temperatura promedio de 77°F. Para unas vacaciones de aventura, haz un safari por la selva o reserva una excursión por el

río Iguazú. De noche, duerme en uno de nuestros exclusivos hoteles en medio de la selva. Respira el aire puro y prueba la

deliciosa comida de la región.

_____

_____

4 **¿Qué hago?** Clara's brother Manuel is giving her a driving lesson, and Clara has a lot of questions. Write Manuel's answers to her questions in the form of affirmative or negative familiar commands.

> **modelo**
> ¿Tengo que comprar gasolina?
> *Sí, compra gasolina./No, no compres gasolina.*

1. ¿Puedo hablar por teléfono celular con mis amigos?
   Sí, habla por teléfono celular con tus amigos./No, no hables por teléfono celular con tus amigos.

2. ¿Puedo manejar en la autopista?
   Sí, maneja en la autopista./No, no manejes en la autopista.

3. ¿Debo estacionar por aquí?
   Sí, estaciona por aquí./No, no estaciones por aquí.

4. ¿Debo sacar mi licencia de conducir?
   Sí, saca tu licencia de conducir./No, no saques tu licencia de conducir.

5. ¿Puedo bajar por esta calle?
   Sí, baja por esta calle./No, no bajes por esta calle.

6. ¿Tengo que seguir el tráfico?
   Sí, sigue el tráfico./No, no sigas el tráfico.

5 **Identificar** You will hear some sentences. If the verb is a **tú** command, circle **Sí**. If the verb is not a **tú** command, circle **No**.

> **modelo**
>
> *You hear:* Ayúdanos a encontrar el control remoto.
> *You circle:* **Sí** because **Ayúdanos** is a **tú** command.

1. Sí ~~(No)~~
2. Sí ~~(No)~~
3. ~~(Sí)~~ No
4. ~~(Sí)~~ No
5. ~~(Sí)~~ No

6. Sí ~~(No)~~
7. Sí ~~(No)~~
8. ~~(Sí)~~ No
9. Sí ~~(No)~~
10. ~~(Sí)~~ No

6 **Cambiar** Change each command you hear to the negative. Repeat the correct answer after the speaker. (*8 items*)

> **modelo**
>
> Cómprame un reproductor de DVD.
> *No me compres un reproductor de DVD.*

7 **Preguntas** Answer each question you hear using an affirmative **tú** command. Repeat the correct response after the speaker. (*7 items*)

> **modelo**
>
> ¿Estaciono aquí?
> *Sí, estaciona aquí.*

8 **Consejos prácticos** You will hear a conversation among three friends. Using **tú** commands and the ideas presented, write six pieces of advice that Mario can follow to save some money.

1. Usa el transporte público.
2. Compra un carro más pequeño.
3. Habla menos por teléfono.
4. Cancela la televisión por cable.
5. Vende tu teléfono celular.
6. Paga las luces, la televisión y la computadora.

Lección 5

Audio Activities

9

ESTUDIANTE 1

¡Tanto que hacer! Aquí tienes una lista de diligencias (*errands*). Algunas las hiciste tú y algunas las hizo tu compañero/a. Las diligencias que ya hiciste tú tienen esta marca ✔. Pero quedan cuatro diligencias por hacer. Dale mandatos a tu compañero/a, y él/ella responde para confirmar si hay que hacerla o ya la hizo.

> **modelo**
>
> **Estudiante 1:** Llena el tanque.
> **Estudiante 2:** Ya llené el tanque. / ¡Ay no! Tenemos
> que llenar el tanque.

1. llamar al mecánico
✔ 2. ir al centro
✔ 3. revisar el aceite del carro
4. salir para el aeropuerto
5. hacer ejercicio (*to exercise*) en el gimnasio
6. apagar la computadora
7. no grabar el programa de televisión hasta las 8:00
✔ 8. estacionar cerca de la casa
9. almorzar en el cibercafé con Paquita
10. no imprimir las páginas hasta el sábado
✔ 11. encontrar el disco compacto de Miguel
12. arreglar el reproductor de DVD
✔ 13. cargar (*to charge*) el teléfono celular
14. enviarle a tía Lupe las fotos de la fiesta de Alicia

Escribe las cuatro diligencias por hacer. Elige las dos que quieras hacer tú y dile a tu compañero/a que no tiene que hacerlas, usando mandatos negativos.

> **modelo**
>
> No llenes el tanque. Lo lleno yo.

1. _____
2. _____
3. _____
4. _____

ESTUDIANTE 2

¡Tanto que hacer! Aquí tienes una lista de diligencias (*errands*). Algunas las hiciste tú y algunas las hizo tu compañero/a. Las diligencias que ya hiciste tú tienen esta marca ✔. Pero quedan cuatro diligencias por hacer. Dale mandatos a tu compañero/a, y él/ella responde para confirmar si hay que hacerla o ya la hizo.

> **modelo**
>
> **Estudiante 1:** Llena el tanque.
> **Estudiante 2:** Ya llené el tanque. / ¡Ay no! Tenemos
> que llenar el tanque.

✔ 1. llamar al mecánico

2. ir al centro

3. revisar el aceite del carro

4. salir para el aeropuerto

✔ 5. hacer ejercicio (*to exercise*) en el gimnasio

6. apagar la computadora

✔ 7. no grabar el programa de televisión hasta las 8:00

8. estacionar cerca de la casa

✔ 9. almorzar en el cibercafé con Paquita

10. no imprimir las páginas hasta el sábado

11. encontrar el disco compacto de Miguel

12. arreglar el reproductor de DVD

13. cargar (*to charge*) el teléfono celular

✔ 14. enviarle a tía Lupe las fotos de la fiesta de Alicia

Escribe las cuatro diligencias por hacer. Elige las dos que quieras hacer tú y dile a tu compañero/a que no tiene que hacerlas, usando mandatos negativos.

> **modelo**
>
> No llenes el tanque. Lo lleno yo.

1. _____

2. _____

3. _____

4. _____

Lección 5

Communication Activities

5.2 Por and para

1 **Para éste o por aquello** Complete the sentences with **por** or **para** as appropriate.

1. Pudieron terminar el trabajo _____ por _____ haber empezado (*having begun*) a tiempo.

2. Ese control remoto es _____ para _____ prender y apagar el televisor.

3. Elsa vivió en esa ciudad _____ por _____ algunos meses hace diez años.

4. Mi mamá compró esta computadora portátil _____ para _____ mi papá.

5. Sales _____ para _____ Argentina mañana a las ocho y media.

6. Rosaura cambió el estéreo _____ por _____ el reproductor de MP3.

7. El señor López necesita el informe _____ para _____ el 2 de agosto.

8. Estuve estudiando toda la noche _____ para _____ el examen.

9. Los turistas fueron de excursión _____ por _____ las montañas.

10. Mis amigos siempre me escriben _____ por _____ correo electrónico.

2 **Por muchas razones** Complete the sentences with the expressions in the word bank. Note that you will use two of them twice.

por aquí	por eso
por ejemplo	por fin

1. Ramón y Sara no pudieron ir a la fiesta anoche; _____ por eso _____ no los viste.

2. Buscaron el vestido perfecto por mucho tiempo, y _____ por fin _____ lo encontraron en esa tienda.

3. Creo que va a ser difícil encontrar un teclado y un monitor _____ por aquí _____.

4. Pídele ayuda a uno de tus amigos, _____ por ejemplo _____, Miguel, Carlos o Francisco.

5. Miguel y David no saben si podemos pasar _____ por aquí _____ en bicicleta.

6. El monitor no está conectado, _____ por eso _____ no funciona.

3 **Por y para** Complete the sentences with **por** or **para**.

1. Fui a comprar frutas _____ por _____ (*instead of*) mi madre.

2. Fui a comprar frutas _____ para _____ (*to give to*) mi madre.

3. Rita le dio dinero _____ para _____ (*in order to buy*) la computadora portátil.

4. Rita le dio dinero _____ por _____ (*in exchange for*) la computadora portátil.

5. La familia los llevó _____ por _____ (*through*) los Andes.

6. La familia los llevó _____ para _____ (*to*) los Andes.

4 **Escribir oraciones** Write sentences in the preterite, using the elements provided and **por** or **para**.

> **modelo**
>
> (tú) / salir en el auto / ¿? / Córdoba
> *Saliste en el auto para Córdoba.*

1. Ricardo y Emilia / traer un pastel / ¿? / su prima

   Ricardo y Emilia trajeron un pastel para su prima.

2. los turistas / llegar a las ruinas / ¿? / barco

   Los turistas llegaron a las ruinas por barco.

3. (yo) / tener un resfriado / ¿? / el frío

   Tuve un resfriado por el frío.

4. mis amigas / ganar dinero / ¿? / viajar a Suramérica

   Mis amigas ganaron dinero para viajar a Suramérica.

5. ustedes / buscar a Teresa / ¿? / toda la playa

   Ustedes buscaron a Teresa por toda la playa.

6. el avión / salir a las doce / ¿? / Buenos Aires

   El avión salió a las doce para Buenos Aires.

5 **Para Silvia** Complete the paragraph with **por** and **para**.

Fui a la agencia de viajes porque quería ir (1) _____para_____ Mendoza

(2) _____para_____ visitar a mi novia, Silvia. Entré (3) _____por_____ la

puerta y Marta, la agente de viajes, me dijo: "¡Tengo una oferta excelente (4) _____para_____

ti!". Me explicó que podía viajar en avión (5) _____para_____ Buenos Aires

(6) _____por_____ seiscientos dólares. Podía salir un día de semana,

(7) _____por_____ ejemplo lunes o martes. Me podía quedar en un hotel en Buenos Aires

(8) _____por_____ quince dólares (9) _____por_____ noche. Luego viajaría

(10) _____por_____ tren a Mendoza (11) _____para_____ encontrarme con

Silvia. "Debes comprar el pasaje (12) _____para_____ el fin de mes", me recomendó

Marta. Fue la oferta perfecta (13) _____para_____ mí. Llegué a Mendoza y Silvia fue a la

estación (14) _____por_____ mí. Llevé unas flores (15) _____para_____ ella.

Estuve en Mendoza (16) _____por_____ un mes y (17) _____por_____ fin

Silvia y yo nos comprometimos. Estoy loco (18) _____por_____ ella.

Lección 5 Estructura Activities

6 **Escoger** You will hear some sentences with a beep in place of a preposition. Decide if **por** or **para** should complete each sentence.

> *modelo*
> *You hear:* El teclado es (*beep*) la computadora de Nuria.
> *You mark:* an **X** under **para**.

	por	para
Modelo		**X**
1.		X
2.		X
3.	X	
4.	X	
5.	X	
6.	X	
7.		X
8.	X	

7 **La aventura** Complete each phrase about Jaime with **por** or **para** and the cue. Repeat each correct response after the speaker.

> *modelo*
> *You hear:* Jaime estudió.
> *You see:* médico
> *You say:* Jaime estudió para médico.

1. unos meses
2. hacer sus planes
3. mil dólares
4. ver a sus padres

5. la ciudad
6. su mamá
7. pesos
8. las montañas

5.3 Reciprocal reflexives

1 **Se conocen** Complete the sentences with the reciprocal reflexives of the verbs in parentheses. Use the present tense.

1. Andrea y Daniel _____ se ven _____ (ver) todos los días.

2. Los amigos _____ se encuentran _____ (encontrar) en el centro de la ciudad.

3. El padre y la madre de Lisa _____ se quieren _____ (querer) mucho.

4. Javier y yo _____ nos saludamos _____ (saludar) por las mañanas.

5. Los compañeros de clase _____ se ayudan _____ (ayudar) con las tareas.

6. Paula y su mamá _____ se llaman _____ (llamar) por teléfono todos los días.

2 **Nos vemos** Complete the sentences with the reciprocal reflexives of the verbs in the word bank.

abrazar	besar	escribir	mirar	saludar
ayudar	encontrar	llamar	querer	ver

1. Cuando los estudiantes llegan a clase, todos _____ se saludan _____.

2. Hace seis meses que Ricardo no ve a su padre. Cuando se ven, _____ se abrazan _____.

3. Los buenos amigos _____ se ayudan _____ cuando tienen problemas.

4. Es el final de la boda. El novio y la novia _____ se besan _____.

5. Mi novia y yo nos vamos a casar porque _____ nos queremos _____ mucho.

6. Irene y Vicente _____ se escriben _____ muchos mensajes electrónicos cuando no se ven.

7. Hablo todos los días con mi hermana. Nosotras _____ nos llamamos _____ todos los días.

8. Cuando Sandra sale a comer con sus amigas, ellas _____ se encuentran _____ en el restaurante.

3 **Así fue** Write sentences from the elements provided. Use reciprocal reflexives and the preterite of the verbs.

1. ayer / Felipe y Lola / enviar / mensajes por correo electrónico

   Ayer Felipe y Lola se enviaron mensajes por correo electrónico.

2. Raúl y yo / encontrar / en el centro de computación

   Raúl y yo nos encontramos en el centro de computación.

3. mis abuelos / querer / mucho toda la vida

   Mis abuelos se quisieron mucho toda la vida.

4. los protagonistas de la película / abrazar y besar / al final

   Los protagonistas de la película se abrazaron y se besaron al final.

5. esos hermanos / ayudar / a conseguir trabajo

   Esos hermanos se ayudaron a conseguir trabajo.

4 **Noticias (News) de Alma** Read the letter from Alma, then complete the sentences about the letter with reciprocal reflexive forms of the correct verbs.

> Querida Claudia:
>
> Conocí a Manolo el mes pasado en Buenos Aires. Desde el día en que lo conocí, lo veo todos los días. Cuando salgo de la universidad me encuentro con él en algún lugar de la ciudad. Nuestro primer beso fue en el parque. Anoche Manolo me dijo que me quiere a mí y yo le dije que lo quiero mucho a él. Siempre nos ayudamos con las tareas de la universidad. Llamo mucho a mi hermana y ella me llama a mí para hablar de nuestras cosas. Mi hermana me entiende muy bien y viceversa.
>
> Hasta luego,
> Alma

1. Manolo y Alma _____ se conocieron _____ el mes pasado en Buenos Aires.

2. Ellos _____ se ven _____ todos los días desde que se conocieron.

3. Manolo y Alma _____ se encuentran _____ después de clase en algún lugar de la ciudad.

4. La primera vez que _____ se besaron _____, Manolo y Alma estaban en el parque.

5. Anoche Manolo y Alma _____ se dijeron _____ que se quieren mucho.

6. Manolo y Alma siempre _____ se ayudan _____ con las tareas de la universidad.

7. Alma y su hermana _____ se llaman _____ mucho para hablar de sus cosas.

8. Alma y su hermana _____ se entienden _____ muy bien.

5 **Completar** Complete each pair of sentences with the preterite of the verbs in parentheses. Use the reciprocal reflexive verb in only one sentence in each pair.

(conocer)

1. Ricardo y Juan _____ conocieron _____ a Cristina el año pasado.

2. Los González _____ se conocieron _____ en un viaje por Europa.

(saludar)

3. Los chicos _____ se saludaron _____ cuando llegaron al restaurante.

4. La camarera _____ saludó _____ a los chicos cuando les trajo el menú.

(ayudar)

5. Las enfermeras _____ ayudaron _____ al paciente a levantarse.

6. Los niños _____ se ayudaron _____ para terminar la tarea más temprano.

(ver)

7. Los mecánicos _____ vieron _____ los coches descompuestos.

8. El profesor y los estudiantes _____ se vieron _____ por primera vez en clase.

6 **Escoger** Listen to each question and choose the most logical response.

1. (a.) Hace cuatro años que nos conocimos.

   b. Se vieron todos los fines de semana.

2. a. Nos besamos antes de salir a trabajar.

   (b.) No, creo que se besaron en la segunda.

3. (a.) Nos llevamos mal sólo el último año.

   b. Se llevaron mal siempre.

4. (a.) Sí, se saludan con un abrazo y también con un beso.

   b. Nos saludamos desde lejos.

5. a. Casi nunca me miraban.

   (b.) Creo que se miraban con mucho amor.

6. (a.) Sólo nos ayudamos para el examen.

   b. Se ayudan a menudo.

7. (a.) Creo que se hablan todas las noches.

   b. Le hablan mucho porque tienen celulares.

8. a. Cuando se casaron se querían mucho.

   (b.) Cada día nos queremos más.

7 **Responder** Answer each question in the affirmative. Repeat the correct answer after the speaker. (*6 items*)

> **modelo**
>
> ¿Se abrazaron tú y Carolina en la primera cita?
> Sí, *nos abrazamos en la primera cita.*

8 **Los amigos** Listen to a description of a friendship and then choose the phrase that best completes each sentence.

1. Desde los once años, los chicos _____ con frecuencia.

   (a.) se veían   b. se ayudaban   c. se besaban

2. Samuel y Andrea _____ por la amistad (*friendship*) de sus madres.

   a. se escribían   b. se entendían   (c.) se conocieron

3. Las madres de Andrea y Samuel...

   a. se ayudaban.   (b.) se conocían bien.   c. se odiaban.

4. Andrea y Samuel no _____ por un tiempo debido a (*due to*) un problema.

   a. se conocieron   (b.) se hablaron   c. se ayudaron

5. Después de un tiempo...

   a. se besaron.   (b.) se pidieron perdón.   c. se odiaron.

6. La separación sirvió para enseñarles que...

   (a.) se querían.   b. se hablaban mucho.   c. se conocían bien.

7. No es cierto. Andrea y Samuel no...

   (a.) se casaron.   b. se entendían bien.   c. se querían.

8. Los dos amigos _____ por un tiempo.

   a. se besaban   b. se comprometieron   (c.) se llevaron mal

5.4 Stressed possessive adjectives and pronouns

1   **Esas cosas tuyas**   Fill in the blanks with the possessive adjectives as indicated.

1. Ana nos quiere mostrar unas fotos _____ suyas _____ (of hers).

2. A Lorena le encanta la ropa _____ nuestra _____ (of ours).

3. Los turistas traen las toallas _____ suyas _____ (of theirs).

4. El mecánico te muestra unos autos _____ suyos _____ (of his).

5. El sitio web _____ suyo _____ (of his) es espectacular.

6. ¿Quieres probar el programa de computación _____ nuestro _____ (of ours)?

7. Roberto prefiere usar la computadora _____ mía _____ (of mine).

8. Ese ratón _____ tuyo _____ (of yours) es el más moderno que existe.

2   **¿De quién es?**   Complete the sentences with possessive adjectives.

1. Ésa es mi computadora. Es la computadora _____ mía _____ .

2. Vamos a ver su sitio web. Vamos a ver el sitio web _____ suyo _____ .

3. Aquéllos son mis archivos. Son los archivos _____ míos _____ .

4. Quiero usar el programa de él. Quiero usar el programa _____ suyo _____ .

5. Buscamos la impresora de nosotros. Buscamos la impresora _____ nuestra _____ .

6. Ésos son los discos compactos de ella. Son los discos compactos _____ suyos _____ .

7. Tienen que arreglar tu teclado. Tienen que arreglar el teclado _____ tuyo _____ .

8. Voy a usar el teléfono celular de ustedes. Voy a usar el teléfono celular _____ suyo _____ .

3   **Los suyos**   Answer the questions. Follow the model.

> **modelo**
> ¿Vas a llevar tu cámara de video?
> Sí, voy a llevar la mía.

1. ¿Prefieres usar tu cámara digital? Sí, prefiero usar la mía.

2. ¿Quieres usar nuestra conexión inalámbrica? Sí, quiero usar la suya/la nuestra.

3. ¿Guardaste mis archivos? Sí, guardé los tuyos.

4. ¿Llenaste el tanque de su carro? Sí, llené el suyo.

5. ¿Manejó Sonia nuestro carro? Sí, manejó el nuestro/el suyo.

6. ¿Vas a comprar mi televisor? Sí, voy a comprar el tuyo.

7. ¿Rompiste la pantalla táctil de ellos? Sí, rompí la suya.

8. ¿Escribiste tu blog de viajes? Sí, escribí el mío.

4 **¿De quién son?** Replace the question with one using **de** to clarify the possession. Then answer the question affirmatively, using a possessive pronoun.

> **modelo**
> ¿Es suyo el teléfono celular? (de ella)
> ¿Es de ella el teléfono celular? Sí, es suyo.

1. ¿Son suyas las gafas? (de usted)

   ¿Son de usted las gafas? Sí, son mías.

2. ¿Es suyo el estéreo? (de Joaquín)

   ¿Es de Joaquín el estéreo? Sí, es suyo.

3. ¿Es suya la impresora? (de ellos)

   ¿Es de ellos la impresora? Sí, es suya.

4. ¿Son suyos esos reproductores de DVD? (de Susana)

   ¿Son de Susana esos reproductores de DVD? Sí, son suyos.

5. ¿Es suyo el coche? (de tu mamá)

   ¿Es de tu mamá el coche? Sí, es suyo.

6. ¿Son suyas estas cámaras de video? (de ustedes)

   ¿Son de ustedes estas cámaras de video? Sí, son nuestras.

Síntesis

Tell the story of a romantic couple you know. Use reciprocal reflexive forms of verbs to tell what happened between them and when. Use stressed possessive adjectives and pronouns as needed to talk about their families and their difficulties. Use familiar commands to give examples of advice you give to each member of the couple on important issues. Answers will vary.

_____
_____
_____
_____
_____
_____
_____
_____
_____
_____
_____

Lección 5 Estructura Activities **147**

5   **Identificar** Listen to each statement and mark an **X** in the column identifying the possessive pronoun you hear.

> **modelo**
>
> *You hear:* Ya arreglaron todos los coches, pero el tuyo no.
> *You write:* an **X** under **yours**.

	mine	*yours*	*his/hers*	*ours*	*theirs*
Modelo	_____	**X**	_____	_____	_____
1.	X	_____	_____	_____	_____
2.	_____	X	_____	_____	_____
3.	_____	_____	X	_____	_____
4.	_____	_____	_____	_____	X
5.	_____	_____	_____	X	_____
6.	X	_____	_____	_____	_____
7.	_____	X	_____	_____	_____
8.	_____	_____	X	_____	_____

6   **Transformar** Restate each sentence you hear, using the cues below. Repeat the correct answer after the speaker.

> **modelo**
>
> *You hear:* ¿De qué año es el carro suyo?
> *You see:* mine
> *You say:* ¿De qué año es el carro mío?

1. *his*   3. *yours (fam.)*   5. *mine*
2. *ours*   4. *theirs*   6. *hers*

7 **ESTUDIANTE 1**

¿De quién es? Tu amiga Cecilia va a mudarse a otra ciudad. Hay cosas en su apartamento que pertenecen (*belong*) a ella, a tu compañero/a y a ti. Tú y tu compañero/a deben intercambiar la información que tienen para saber de quién son las cosas.

> **modelo**
>
> **Estudiante 1:** ¿Esta cámara de video es de Cecilia?
> **Estudiante 2:** No, no es suya, es...

yo   _____   _____   Cecilia   _____

Cecilia   mi compañero/a y yo   _____   yo   _____

Ahora, con frases completas, escribe de quién es cada cosa.

_____

_____

_____

_____

_____

_____

_____

_____

Lección 5 Communication Activities   **149**

Lección 5

Communication Activities

7 ESTUDIANTE 2

¿De quién es? Tu amiga Cecilia va a mudarse a otra ciudad. Hay cosas en su apartamento que pertenecen (*belong*) a ella, a tu compañero/a y a ti. Tú y tu compañero/a deben intercambiar la información que tienen para saber de quién son las cosas.

> **modelo**
>
> **Estudiante 1:** ¿Esta cámara de video es de Cecilia?
> **Estudiante 2:** No, no es suya, es...

_____   yo   mi compañero/a y yo   _____   mi compañero/a y yo

_____   _____   Cecilia   _____   yo

Ahora, con frases completas, escribe de quién es cada cosa.

_____

_____

_____

_____

_____

_____

_____

_____

_____

Lección 5 — Communication Activities

Lección 5 (side tab)

Communication Activities (side tab)

Escritura

Estrategia
Listing key words

Once you have determined a topic for a piece of writing, it is helpful to make a list of key words you can use while writing. If you were to write a description of your school and its grounds, for example, you would probably need a list of prepositions that describe location, such as **en frente de, al lado de,** and **detrás de.** Likewise, a list of descriptive adjectives would be useful to you if you were writing about the people and places of your childhood.

By preparing a list of potential words ahead of time, you will find it easier to avoid using the dictionary while writing your first draft. You will probably also learn a few new words in Spanish while preparing your list of key words.

Listing useful vocabulary is also a valuable organizational strategy, since the act of brainstorming key words will help you to form ideas about your topic. In addition, a list of key words can help you avoid redundancy while you write.

If you were going to help someone write an ad to sell his or her car, what words would be most helpful to you? Jot a few of them down and compare your list with a partner's. Did you choose the same words? Would you choose any different or additional words, based on what your partner wrote?

1. _____
2. _____
3. _____
4. _____
5. _____
6. _____

Tema
Escribir instrucciones

Antes de escribir

1. Vas a escribir un correo electrónico en el que le explicas a un(a) amigo/a argentino/a cómo crear un sitio web sobre películas estadounidenses. Vas a incluir tus sugerencias sobre qué información puede incluir y no incluir en su sitio web. Tu correo electrónico debe tener esta información:

   ▶ Una sugerencia para el nombre del sitio web
   ▶ Mandatos afirmativos para describir en detalle lo que tu amigo/a puede incluir en el sitio web
   ▶ Una lista de las películas estadounidenses más importantes de todos los tiempos (en tu opinión)
   ▶ Mandatos negativos para sugerirle a tu amigo/a qué información no debe incluirse en el sitio web

2. Una buena manera de crear una lista de palabras es hacer una red de palabras. Para cada una de las tres redes, escribe en las líneas varias palabras relacionadas con la frase del centro.

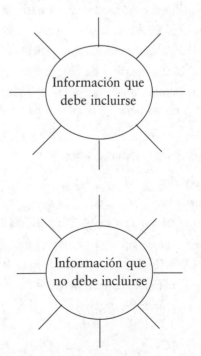

Películas estadounidenses más importantes

3. Después de completar las redes de palabras, intercambia tus respuestas con un(a) compañero/a de clase. Juntos/as, hagan una lista de todas las palabras que escribieron. Al final, pregúntense si hay otras que son necesarias para el correo electrónico. Si las hay, búsquenlas en el libro de texto o en un diccionario y añádanlas a la lista original.

Escribir

1. Usa la lista de palabras que tú y tu compañero/a de clase escribieron para escribir el correo electrónico sobre el sitio web.

2. No olvides de incluir toda la información necesaria:

   ▶ Una sugerencia para el nombre del sitio web

   ▶ Mandatos afirmativos sobre lo que tu amigo/a debe incluir en el sitio web

   ▶ Mandatos negativos sobre lo que tu amigo/a no debe incluir

   ▶ Una lista de películas estadounidenses importantes

Después de escribir

1. Intercambia tu borrador con el/la mismo/a compañero/a de clase. Coméntalo y contesta estas preguntas.

   ▶ ¿Incluyó tu compañero/a una sugerencia para el nombre del sitio web?

   ▶ ¿Escribió él/ella mandatos afirmativos sobre la información que debe incluirse en el sitio web?

   ▶ ¿Escribió él/ella mandatos negativos sobre la información que no debe incluirse?

   ▶ ¿Escribió él/ella una lista de películas estadounidenses importantes?

   ▶ ¿Usó él/ella palabras de la lista que escribieron?

   ▶ ¿Qué detalles añadirías (*would you add*)? ¿Cuáles quitarías (*would you delete*)? ¿Qué otros comentarios tienes para tu compañero/a?

2. Revisa tu narración según los comentarios de tu compañero/a. Después de escribir la versión final, léela otra vez para eliminar errores de:

   ▶ ortografía

   ▶ puntuación

   ▶ uso de letras mayúsculas y minúsculas

   ▶ concordancia entre sustantivos y adjetivos

   ▶ uso de verbos en el presente de indicativo

   ▶ uso de mandatos afirmativos

   ▶ uso de mandatos negativos

Maravillas de la tecnología

Antes de ver el video

1 **Más vocabulario** Look over these useful words before you watch the video.

Vocabulario útil		
la afirmación cultural *cultural affirmation*	el/la cuzqueño/a *person from Cuzco*	la masificación *spread*
alejado/a *remote*	el desarrollo *development*	mejorar *to improve*
beneficiarse *to benefit*	el esfuerzo *effort*	el/la proveedor(a) *supplier*
chatear *to chat*	al extranjero *abroad*	servirse de *to make use of*
	mandar *to send*	el/la usuario/a *user*

2 **La tecnología** Complete this paragraph about technology in Peru, using words from the list above.

En Perú, la (1)_____masificación_____ de Internet benefició el (2)_____desarrollo_____ de la agricultura

en las comunidades indígenas. Para estas comunidades es una herramienta (*tool*) importante para obtener

e intercambiar información. También, en ciudades como Cuzco, los artistas y comerciantes que son

(3)_____usuarios_____ de Internet pueden (4)_____mejorar_____ el nivel (*level*) de ventas porque se

conectan (5)_____al extranjero_____ y así pueden vender sus productos en otros países.

3 **¡En español!** Look at the video still. Imagine what Omar will say about technology in Peru and write a two- or three-sentence introduction to this episode. Answers will vary.

Omar Fuentes, Perú

¡Hola a todos! ¿Saben de qué vamos a hablar hoy? _____

_____

_____

_____

_____

Mientras ves el video

4 **Completar** Watch Omar interview a young man and complete their conversation.

OMAR ¿Qué haces en medio de la Plaza de Armas usando una (1)_____computadora_____?

JOVEN Estoy mandándole un (2)_____(e-)mail_____ a mi novia en Quito.

OMAR … en Quito… ¿Así que tú eres (3)_____ecuatoriano_____?

JOVEN Sí, soy ecuatoriano.

OMAR Y… ¿qué tal? ¿Qué te (4)_____parece_____ el Cuzco? ¿Qué te parece el Perú?

JOVEN Me encanta Cuzco porque se parece mucho a mi ciudad, pero me gusta un poco más

porque puedo usar (5)_____Internet_____ en medio de la plaza y (6)_____nadie_____

me molesta.

5 **Emparejar** Identify what these people use cell phones and Internet for.

1. _b/c_

2. _a_

3. _c_

a. para hacer una videoconferencia y hablar con su familia

b. para comunicarse con su proveedor

c. para vender sus productos en el extranjero

Después de ver el video

6 **¿Cierto o falso?** Indicate whether each statement is **cierto** or **falso**.

1. En Perú, los cibercafés son lugares exclusivos para los turistas. _Falso._

2. Los cibercafés son conocidos como "cabinas de Internet" en Perú y están por todo el país. _Cierto._

3. A diferencia de los cibercafés, los teléfonos celulares ayudan a la comunicación rápida y económica. _Falso._

4. La comunidad indígena de Perú se beneficia de las ventajas que ofrecen los cibercafés. _Cierto._

5. En la Plaza de Armas de Cuzco es posible navegar en la red de manera inalámbrica. _Cierto._

6. Las tecnologías de la comunicación no permiten a las comunidades indígenas reafirmarse culturalmente. _Falso._

7 **Preguntas** Answer these questions. Answers will vary.

1. ¿Para qué usas Internet?

_____

2. ¿Cómo te comunicas con tu familia y tus amigos cuando viajas?

_____

3. ¿Piensas que la masificación de la tecnología es buena? ¿Por qué?

_____

4. ¿Piensas que el servicio de Internet debe ser gratuito para todas las personas? ¿Por qué?

_____

8 **Un mensaje** Remember the young man who was writing an e-mail to his girlfriend at the Plaza de Armas in Cuzco? Imagine you are that young man and write an e-mail to your girlfriend telling her about living in Cuzco and how technology is used there. Answers will vary.

¡Hola, mi amor! En este momento estoy en la Plaza de Armas de Cuzco. _____

_____

_____

_____

_____

Lección 5 *(left margin)*

Video Activities: *Flash cultura* *(left margin)*

Panorama

Argentina

1 Argentina Fill in the blanks with the correct terms.

1. La ciudad de Buenos Aires se conoce como el ___"París de Suramérica"___.

2. Se dice que Argentina es el país más ___europeo___ de toda Latinoamérica.

3. Después de 1880, muchos ___inmigrantes___ se establecieron en Argentina.

4. Los sonidos y ritmos del tango tienen raíces ___africanas___, ___italianas___ y ___españolas___.

5. A los habitantes de Buenos Aires se les llama ___porteños___.

6. El nombre de la Avenida 9 de Julio conmemora la ___independencia___ de Argentina.

2 Palabras desordenadas Unscramble the words about Argentina, using the clues.

1. DMAEZON ___Mendoza___
(una de las principales ciudades argentinas)

2. ESEDREMC ___Mercedes___
(nombre de una cantante argentina)

3. GAIOATNAP ___Patagonia___
(región fría que está en la parte sur (*south*) de Argentina)

4. INTAOLIA ___italiano___
(origen de muchos inmigrantes en Argentina)

5. OTÑSOERP ___porteños___
(personas de Buenos Aires)

6. TOORVPOAVCI ___provocativo___
(una característica del baile del tango en un principio)

3 Datos argentinos Fill in the blanks with the aspects of Argentina described.

1. saxofonista argentino ___Leandro "Gato" Barbieri___

2. las tres mayores ciudades de Argentina ___Buenos Aires, Córdoba y Rosario___

3. países de origen de muchos inmigrantes argentinos ___Italia, Alemania, España e Inglaterra___

4. escritor argentino célebre ___Jorge Luis Borges___

5. países que comparten las cataratas del Iguazú ___Argentina, Paraguay y Brasil___

6. primera dama argentina; nació en 1919 ___Evita Perón/María Eva Duarte de Perón___

4 **Fotos de Argentina** Label the photographs from Argentina.

1. _____ el tango _____

2. _____ las cataratas de Iguazú _____

5 **¿Cierto o falso?** Indicate whether the statements are **cierto** or **falso**. Correct the false statements.

1. Argentina es el país más grande del mundo.

   Falso. Argentina es el país de habla hispana más grande del mundo.

2. La Avenida 9 de Julio en Buenos Aires es una de las calles más anchas del mundo.

   Cierto.

3. Los idiomas que se hablan en Argentina son el español y el inglés.

   Falso. Los idiomas que se hablan en Argentina son el español y lenguas indígenas.

4. Los inmigrantes que llegaron a Argentina eran principalmente de Europa.

   Cierto.

5. El tango es un género musical con raíces indígenas y africanas.

   Falso. El tango es un género musical con raíces africanas, italianas y españolas.

6. Las cataratas del Iguazú están cerca de la confluencia de los ríos Iguazú y Paraná.

   Cierto.

6 **Preguntas argentinas** Answer the questions with complete sentences. Answers will vary.

1. ¿Por qué se conoce a Buenos Aires como el "París de Suramérica"?

   Buenos Aires se conoce como el "París de Suramérica" por su estilo parisino.

2. ¿Quién fue la primera dama de Argentina hasta 1952?

   La primera dama de Argentina hasta 1952 fue María Eva Duarte de Perón/Evita Perón.

3. ¿Qué dejaron las diferentes culturas de los inmigrantes en Argentina?

   Las diferentes culturas de los inmigrantes dejaron una huella profunda en la música, el cine y la arquitectura de Argentina.

4. ¿Cómo cambió el baile del tango desde su origen hasta los años 30?

   En un principio, el tango era un baile provocativo y violento, pero se hizo más romántico durante los años 30.

Panorama: Argentina

Antes de ver el video

1 **Más vocabulario** Look over these useful words and expressions before you watch the video.

Vocabulario útil		
actualmente *nowadays*	gaucho *cowboy*	pintura *paint*
barrio *neighborhood*	género *genre*	salón de baile *ballroom*
cantante *singer*	homenaje *tribute*	suelo *floor*
exponer *to exhibit*	pareja *partner*	surgir *to emerge*
extrañar *to miss*	paso *step*	tocar *to play*

2 **Completar** The previous vocabulary will be used in this video. In preparation for watching the video, complete the sentences using words from the vocabulary list. Conjugate the verbs as necessary. Some words will not be used.

1. Los artistas _____ exponen _____ sus pinturas en las calles.

2. Beyoncé es una _____ cantante _____ famosa.

3. El tango tiene _____ pasos _____ muy complicados.

4. El jazz es un _____ género _____ musical que se originó en los Estados Unidos.

5. El tango _____ surgió _____ en Buenos Aires, Argentina.

6. La gente va a los _____ salones de baile _____ a bailar y divertirse.

7. Las personas _____ extrañan _____ mucho su país cuando tienen que vivir en el extranjero.

Mientras ves el video

3 **Marcar** Check off the cognates you hear while watching the video.

✔ 1. adultos

✔ 2. aniversario

____ 3. arquitectura

✔ 4. artistas

____ 5. demostración

✔ 6. conferencia

✔ 7. dramático

✔ 8. exclusivamente

✔ 9. famosos

✔ 10. gráfica

____ 11. impacto

✔ 12. musical

Después de ver el video

4 **¿Cierto o falso?** Indicate whether each statement is **cierto** or **falso**. Correct the false statements.

1. Guillermo Alio dibuja en el suelo una gráfica para enseñar a cantar.

   Falso. Guillermo Alio dibuja en el suelo una gráfica para enseñar a bailar.

2. El tango es música, danza, poesía y pintura.

   Cierto.

3. Alio es un artista que baila y canta al mismo tiempo.

   Falso. Alio es un artista que baila y pinta al mismo tiempo.

4. Alio y su pareja se ponen pintura verde en los zapatos.

   Falso. Alio pone pintura negra y su pareja pone pintura roja en sus zapatos.

5. Ahora los tangos son historias de hombres que sufren por amor.

   Cierto.

6. El tango tiene un tono dramático y nostálgico.

   Cierto.

5 **Completar** Complete the sentences with words from the word bank.

actualmente	compositor	fiesta	género	homenaje	pintor	surgió	toca

1. El tango es un _____ género _____ musical que se originó en Argentina en 1880.

2. El tango _____ surgió _____ en el barrio La Boca.

3. _____ Actualmente _____ este barrio se considera un museo al aire libre.

4. En la calle Caminito se _____ toca _____ y se baila el tango.

5. Carlos Gardel fue el _____ compositor _____ de varios de los tangos más famosos.

6. En el aniversario de su muerte, sus aficionados le hacen un _____ homenaje _____.

6 **Responder** Answer the questions in Spanish. Use complete sentences. Answers will vary.

1. ¿Por qué crees que el tango es tan famoso en todo el mundo? _____

_____

2. ¿Te gustaría (*Would you like*) aprender a bailar tango? ¿Por qué? _____

_____

3. ¿Qué tipo de música te gusta? Explica tu respuesta. _____

_____

Contextos

1 **Los aparatos domésticos** Answer the questions with complete sentences.

> *modelo*
>
> Julieta quiere comer pan tostado. ¿Qué tiene que usar Julieta?
> **Julieta tiene que usar una tostadora.**

1. La ropa de Joaquín está sucia. ¿Qué necesita Joaquín?

   Joaquín necesita una lavadora.

2. Clara lavó la ropa. ¿Qué necesita Clara ahora?

   Clara necesita una secadora ahora.

3. Los platos de la cena están sucios. ¿Qué se necesita?

   Se necesita un lavaplatos.

4. Rita quiere hacer hielo (*ice*). ¿Dónde debe poner el agua?

   Rita debe poner el agua en el congelador.

2 **¿En qué habitación?** Label these items as belonging to **la cocina**, **la sala**, or **el dormitorio**.

1. el lavaplatos _____ la cocina _____
2. el sillón _____ la sala/el dormitorio _____
3. la cama _____ el dormitorio _____
4. el horno _____ la cocina _____
5. la almohada _____ el dormitorio _____
6. la cafetera _____ la cocina _____
7. la mesita de noche _____ el dormitorio _____
8. la cómoda _____ el dormitorio _____

3 **¿Qué hacían?** Complete the sentences, describing the domestic activity in each drawing. Use the imperfect tense.

1. Ramón _____ sacaba la basura _____ .

2. Rebeca _____ hacía la cama _____ .

3. Mi tío Juan _____ pasaba la aspiradora _____ .

4. Isabel _____ sacudía los muebles _____ .

Lección 6 Contextos Activities   **159**

4   Una es diferente Fill in the blank with the word that doesn't belong in each group.

1. sala, plato, copa, vaso, taza _____ sala

2. cuchillo, altillo, plato, copa, tenedor _____ altillo

3. cocina, balcón, patio, jardín, garaje _____ cocina

4. cartel, estante, pintura, lavadora, cuadro _____ lavadora

5. dormitorio, sala, comedor, cafetera, oficina _____ cafetera

6. lavadora, escalera, secadora, lavaplatos, tostadora _____ escalera

5   Crucigrama Complete the crossword puzzle.

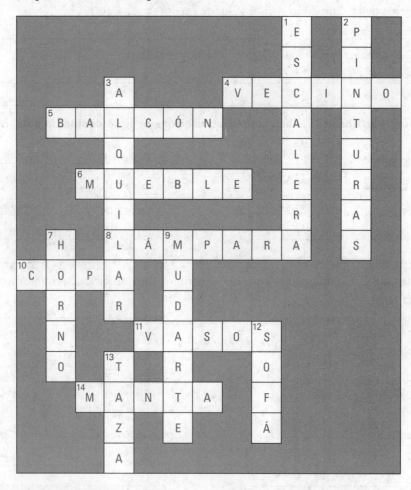

Horizontales

4. El hombre que vive al lado de tu casa.

5. Julieta habló con Romeo desde su _____.

6. sillón, mesa, cama o silla

8. Lo que prendes cuando necesitas luz.

10. Lo que se usa para tomar vino.

11. Usas estas cosas para tomar agua o soda.

14. Lo que usas cuando hace frío de noche.

Verticales

1. Lo que usas para ir de un piso a otro.

2. Obras (*works*) de Picasso, de Goya, etc.

3. pagar dinero cada mes por vivir en un lugar

7. _____ de microondas

9. Si vas a vivir en otro lugar, vas a _____.

12. Donde se pueden sentar tres o cuatro personas.

13. Lo que usas para tomar el café.

Lección 6 (sidebar)

6 **Describir** Listen to each sentence and write the number of the sentence below the drawing of the household item mentioned.

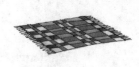

a. _____ 3 _____   b. _____ 7 _____   c. _____ 2 _____   d. _____ 8 _____

e. _____ 6 _____   f. _____ 1 _____   g. _____ 4 _____   h. _____ 5 _____

7 **Identificar** You will hear a series of words. Write the word that does not belong in each series.

1. _____ el armario _____   4. _____ la pared _____   7. _____ la servilleta _____

2. _____ el tenedor _____   5. _____ el alquiler _____   8. _____ la vivienda _____

3. _____ el cartel _____   6. _____ el cubierto _____

8 **Quehaceres domésticos** Your children are complaining about the state of things in your house. Respond to their complaints by telling them what household chores they should do to correct the situation. Repeat the correct response after the speaker. (*6 items*)

> **modelo**
> La ropa está arrugada (*wrinkled*).
> *Debes planchar la ropa.*

Lección 6 Audio Activities

Lección 6

Audio Activities

ESTUDIANTE 1

 ¡Corre, corre! Aquí tienes una serie incompleta de dibujos que forman una historia. Tú y tu compañero/a tienen dos series diferentes. Descríbanse los dibujos para completar la historia.

modelo

> **Estudiante 1:** Marta quita la mesa.
> **Estudiante 2:** Francisco...

¿Por qué están Marta y Francisco limpiando con tanta prisa? ¿Qué pasó?

_____

_____

_____

_____

_____

9 ESTUDIANTE 2

¡Corre, corre! Aquí tienes una serie incompleta de dibujos que forman una historia. Tú y tu compañero/a tienen dos series diferentes. Descríbanse los dibujos para completar la historia.

> **modelo**
>
> **Estudiante 1:** Marta quita la mesa.
> **Estudiante 2:** Francisco...

¿Por qué están Marta y Francisco limpiando con tanta prisa? ¿Qué pasó?

_____

_____

_____

_____

_____

Los quehaceres

Antes de ver el video

1 **En la casa** In this episode, Jimena and Felipe need to clean the house if they want to travel with Marissa to the Yucatan Peninsula. Look at the image and describe what you think is going on.

Answers will vary.

_____

_____

_____

_____

_____

_____

Mientras ves el video

2 **¿Es cierto?** Watch **Los quehaceres** and indicate whether each statement is **cierto** or **falso**.

	Cierto	Falso
1. A Jimena le gusta sacar la basura.	○	◉
2. Felipe y Jimena deben limpiar la casa porque sus papás les pagaron el viaje.	◉	○
3. Marissa sabe cómo cambiar la bolsa de la aspiradora.	○	◉
4. Las servilletas estaban sobre la lavadora.	○	◉
5. Don Diego y los chicos prepararon quesadillas para cenar.	◉	○

3 **¿Qué cosas ves?** Place a check mark beside what you see.

✔ 1. un lavaplatos   ✔ 4. vasos   ✔ 7. platos

___ 2. un garaje   ✔ 5. un sofá   ___ 8. un sótano

___ 3. un jardín   ___ 6. un balcón   ✔ 9. tenedores

4 **Ordenar** Number the events from one to five, in the order they occur.

_4_ a. Don Diego les sugiere a las chicas que se organicen en equipos para limpiar.

_5_ b. Juan Carlos pone la mesa.

_3_ c. Marissa quiere quitar la bolsa de la aspiradora.

_1_ d. La señora Díaz entra a la cocina y saluda a sus hijos.

_2_ e. Jimena le dice a Felipe que limpie el baño.

Después de ver el video

5 **Seleccionar** Write the letter of the words that go in each sentence.

1. La señora Díaz les pide a sus hijos que quiten __c__ de la mesa.
   a. los vasos   b. las tazas   c. los platos

2. La señora Díaz les __b__ a sus hijos que limpien __b__ si quieren viajar.
   a. ruega; el patio   b. sugiere; el apartamento   c. recomienda; el altillo

3. Jimena va a limpiar __a__ y __a__.
   a. el refrigerador; la estufa   b. el armario; la pared   c. el sillón; la lámpara

4. Don Diego le aconseja a Felipe que quite el polvo del __c__.
   a. sótano   b. garaje   c. estante

5. Juan Carlos no sabe dónde están __c__.
   a. las copas   b. los vasos   c. los tenedores

6 **Preguntas** Answer the following questions in Spanish. Write complete sentences.

1. Según el señor Díaz, ¿para qué hora deben preparar la cena Jimena y Felipe?
   Según el Sr. Díaz, Jimena y Felipe deben preparar la cena para las ocho y media.

2. ¿Qué les piden sus padres a Marissa y a sus hermanos?
   Sus padres les piden a Marissa y a sus hermanos que ayuden con los quehaceres.

3. ¿Quiénes se sientan en el sofá para ver el partido de fútbol?
   Juan Carlos y Felipe se sientan en el sofá para ver el partido de fútbol.

4. ¿Quién cambia la bolsa de la aspiradora?
   Felipe cambia la bolsa de la aspiradora.

5. ¿Qué dice la señora Díaz cuando ve el apartamento limpio?
   La Sra. Díaz dice "¡Qué bonita está la casa!" cuando ve el apartamento limpio.

7 **Escribir** Imagine that you are one of the characters. Write a paragraph from that person's point of view, summarizing what happened in the episode. Answers will vary.

Nombre _____ Fecha _____

Pronunciación

The letter x

In Spanish, the letter **x** has several sounds. When the letter **x** appears between two vowels, it is usually pronounced like the *ks* sound in *eccentric* or the *gs* sound in *egg salad*.

con**exi**ón   **exa**men   **saxo**fón

If the letter **x** is followed by a consonant, it is pronounced like *s* or *ks*.

e**xp**licar   se**xt**o   e**xc**ursión

In Old Spanish, the letter **x** had the same sound as the Spanish **j**. Some proper names and some words from native languages like Náhuatl and Maya have retained this pronunciation.

Don Qui**x**ote   Oa**x**aca   Te**x**as

1 **Práctica** Repeat each word after the speaker, focusing on the **x** sound.

1. éxito
2. reflexivo
3. exterior
4. excelente
5. expedición
6. mexicano
7. expresión
8. examinar
9. excepto
10. exagerar
11. contexto
12. Maximiliano

2 **Oraciones** When you hear the number, read the corresponding sentence aloud. Then listen to the speaker and repeat the sentence.

1. Xavier Ximénez va de excursión a Ixtapa.
2. Xavier es una persona excéntrica y se viste de trajes extravagantes.
3. Él es un experto en lenguas extranjeras.
4. Hoy va a una exposición de comidas exóticas.
5. Prueba algunos platos exquisitos y extraordinarios.

3 **Refranes** Repeat each saying after the speaker to practice the **x** sound.

1. Ir por extremos no es de discretos. [1]
2. El que de la ira se deja vencer, se expone a perder. [2]

4 **Dictado** You will hear five sentences. Each will be said twice. Listen carefully and write what you hear.

1. Doña Ximena vive en un edificio de apartamentos en el extremo de la Ciudad de México.

2. Su apartamento está en el sexto piso.

3. Ella es extranjera.

4. Viene de Extremadura, España.

5. A doña Ximena le gusta ir de excursión y le fascina explorar lugares nuevos.

[1] *Prudent people don't go to extremes.*
[2] *He who allows anger to overcome him, risks losing.*

Lección 6

Audio Activities

Estructura

6.1 Relative pronouns

1 **Relativamente** Complete the sentences with **que**, **quien**, or **quienes**.

1. La persona a _____ quien _____ debes conocer es Marta.

2. El restaurante _____ que _____ más me gusta es Il Forno.

3. Los amigos a _____ quienes _____ fue a visitar son Ana y Antonio.

4. Doña María, _____ quien/que _____ me cuidaba cuando yo era niña, vino a verme.

5. El estudiante _____ que _____ mejor conozco de la clase es Gustavo.

6. La habitación _____ que _____ tiene las paredes azules es la tuya.

7. Los primos con _____ quienes _____ mejor me llevo son Pedro y Natalia.

8. El profesor _____ que _____ sabe la respuesta está en la biblioteca ahora.

2 **Conversación telefónica** You're talking on the phone with your mother, who wants to catch up on everything in your life. Answer her questions using the words in parentheses.

> **modelo**
>
> ¿Qué es lo que tienes en el altillo? (un álbum de fotos)
> Lo que tengo en el altillo es un álbum de fotos.

1. ¿Qué es lo que preparas en la cocina? (el almuerzo)

   Lo que preparo en la cocina es el almuerzo.

2. ¿Qué es lo que buscas en el estante? (mi libro favorito)

   Lo que busco en el estante es mi libro favorito.

3. ¿Qué es lo que te gusta hacer en verano? (ir al campo)

   Lo que me gusta hacer en verano es ir al campo.

4. ¿Qué es lo que vas a poner en el balcón? (un sofá)

   Lo que voy a poner en el balcón es un sofá.

5. ¿Qué es lo que tienes en el armario? (mucha ropa)

   Lo que tengo en el armario es mucha ropa.

6. ¿Qué es lo que le vas a regalar a tu hermana? (una cafetera)

   Lo que le voy a regalar/voy a regalarle a mi hermana es una cafetera.

3 **¿Que o lo que?** Complete the sentences with **que** or **lo que**.

1. El pastel de cumpleaños _____ que _____ me trajo mi abuela estuvo delicioso.

2. _____ Lo que _____ más les gusta a Pedro y a Andrés es jugar al baloncesto.

3. Miguel perdió las llaves, _____ lo que _____ le hizo llegar tarde al dentista.

4. Ricardo y Ester querían los muebles _____ que _____ vieron en la tienda.

Lección 6 Estructura Activities

Lección 6

4 **Pronombres relativos** Complete the sentences with **que**, **quien**, **quienes**, or **lo que**.

1. Los vecinos _____que_____ viven frente a mi casa son muy simpáticos.

2. Rosa y Pepe viajan mucho, _____lo que_____ los expone a muchas culturas.

3. Las amigas con _____quienes_____ estudias a menudo son de varios países.

4. El apartamento _____que_____ Rebeca y Jorge alquilaron está cerca del centro.

5. Adrián y Daniel, _____que/quienes_____ estudian física, son expertos en computación.

6. Rubén debe pedirle la aspiradora a Marcos, a _____quien_____ le regalaron una.

5 **Mi prima Natalia** Complete the paragraph with **que**, **quien**, **quienes**, or **lo que**.

Natalia, (1) _____que/quien_____ es mi prima, tiene un problema. Natalia es la prima

(2) _____que_____ más quiero de todas las que tengo. (3) _____Lo que_____ le pasa a Natalia es

que siempre está muy ocupada. Su novio, a (4) _____quien_____ conoció hace dos años, quiere pasar

más tiempo con ella. La clase (5) _____que_____ más le gusta a Natalia es la clase de francés.

Natalia, (6) _____que/quien_____ ya habla inglés y español, quiere aprender el francés muy bien. Tiene

dos amigos franceses con (7) _____quienes_____ practica el idioma. Natalia también está en el equipo

de natación, (8) _____lo que_____ le toma dos horas todas las mañanas. Las otras nadadoras

(9) _____que_____ están en el equipo la necesitan siempre en las prácticas. Además, a Natalia le

gusta visitar a sus abuelos, a (10) _____quienes_____ ve casi todos los fines de semana. También ve

con frecuencia a los parientes y amigos (11) _____que_____ viven en su ciudad. ¡Este verano

(12) _____lo que_____ Natalia necesita son unas vacaciones!

6 **Lo que me parece** Rewrite each sentence using **lo que**.

> **modelo**
>
> A mí me gusta comer en restaurantes.
> *Lo que a mí me gusta es comer en restaurantes.*

1. Raúl dijo una mentira.

Lo que Raúl dijo fue una mentira.

2. Conseguiste enojar a Victoria.

Lo que conseguiste fue enojar a Victoria.

3. Lilia va a comprar una falda.

Lo que Lilia va a comprar es una falda.

4. Ellos preparan una sorpresa.

Lo que ellos preparan es una sorpresa.

5. A Teo y a mí nos gusta la nieve.

Lo que a Teo y a mí nos gusta es la nieve.

Lección 6

7 **Escoger** You will hear some sentences with a beep in place of the relative pronoun. Decide whether **que**, **quien**, or **lo que** should complete each sentence and circle it.

> **modelo**
> You hear: (Beep) me gusta de la casa es el jardín.
> You circle: **Lo que** because the sentence is **Lo que me gusta de la casa es el jardín**.

1. (que) quien lo que
2. que (quien) lo que
3. (que) quien lo que
4. que quien (lo que)
5. que quien (lo que)

6. (que) quien lo que
7. Que Quien (Lo que)
8. (que) quien lo que
9. que (quien) lo que
10. que quien (lo que)

8 **Seleccionar** You will hear some incomplete sentences. Choose the correct ending for each sentence.

1. a. con que trabaja tu amiga.
   (b.) que se mudó a Portobelo.
2. (a.) que vende muebles baratos.
   b. que trabajábamos.
3. (a.) a quienes escribí son mis primas.
   b. de quien te escribí.

4. a. con que barres el suelo.
   (b.) que queremos vender.
5. (a.) lo que deben.
   b. que deben.
6. a. que te hablo es ama de casa.
   (b.) en quien pienso es ama de casa.

9 **Preguntas** Answer each question you hear using a relative pronoun and the cues. Repeat the correct response after the speaker.

> **modelo**
> You hear: ¿Quiénes son los chicos rubios?
> You see: mis primos / viven en Colón
> You say: Son mis primos que viven en Colón.

1. chica / conocí en el café
2. el cliente / llamó ayer
3. chico / se casa Patricia

4. agente / nos ayudó
5. vecinos / viven en la casa azul
6. chica / trabajo

10 **Un robo (break-in)** There has been a theft at the Riveras' house. The detective they have hired has gathered all the family members in the living room to reveal the culprit. Listen to his conclusions. Then complete the list of clues (**pistas**) and answer the question.

Pistas

1. El reloj que _estaba roto_____.
2. La taza que _estaba sucia (en el lavaplatos)_____.
3. La almohada que _tenía dos pelos (pelirrojos)_____.

Pregunta

¿Quién se llevó las cucharas de la abuela y por qué se las llevó? _La tía Matilde se llevó las cucharas de la abuela porque necesitaba dinero._____

6.2 Formal (usted/ustedes) commands

1 **Háganlo así** Complete the commands, using the verbs in parentheses.

Usted

1. (lavar) _____Lave_____ la ropa con el nuevo detergente.

2. (salir) _____Salga_____ de su casa y disfrute del aire libre.

3. (decir) _____Diga_____ todo lo que piensa hacer hoy.

4. (beber) No _____beba_____ demasiado café por la mañana.

5. (venir) _____Venga_____ preparado para pasarlo bien.

6. (irse) No _____se vaya_____ sin probar la langosta de Maine.

Ustedes

7. (comer) No _____coman_____ con la boca abierta.

8. (oír) _____Oigan_____ música clásica en casa.

9. (poner) No _____pongan_____ los codos (*elbows*) en la mesa.

10. (traer) _____Traigan_____ un regalo a la fiesta de cumpleaños.

11. (ver) _____Vean_____ programas de televisión educativos.

12. (conducir) _____Conduzcan_____ con precaución (*caution*) por la ciudad.

2 **Por favor** Give instructions to the person cleaning a house by changing the verb phrases into formal commands.

> **modelo**
>
> sacudir el estante
> *Sacuda el estante, por favor.*

1. primero, pasar la aspiradora

   Primero, pase la aspiradora, por favor.

2. arreglar la sala

   Arregle la sala, por favor.

3. barrer el sótano

   Barra el sótano, por favor.

4. lavar la cafetera

   Lave la cafetera, por favor.

5. no ensuciar el piso de la cocina

   No ensucie el piso de la cocina, por favor.

3 **Para emergencias** Rewrite this hotel's emergency instructions, replacing each **debe** + (*infinitive*) with formal commands.

Querido huésped:

Debe leer estas instrucciones para casos de emergencia. Si ocurre (*occurs*) una emergencia, debe tocar la puerta antes de abrirla. Si la puerta no está caliente, debe salir de la habitación con cuidado (*carefully*). Al salir, debe doblar a la derecha por el pasillo y debe bajar por la escalera de emergencia. Debe mantener la calma y debe caminar lentamente. No debe usar el ascensor durante una emergencia. Debe dejar su equipaje en la habitación en caso de emergencia. Al llegar a la planta baja, debe salir al patio o a la calle. Luego debe pedir ayuda a un empleado del hotel.

Querido huésped:

Lea estas instrucciones para casos de emergencia. Si ocurre una emergencia, toque la puerta antes de abrirla. Si la puerta no está caliente, salga de la habitación con cuidado. Al salir, doble a la derecha por el pasillo y baje por la escalera de emergencia. Mantenga la calma y camine lentamente. No use el ascensor durante una emergencia. Deje su equipaje en la habitación en caso de emergencia. Al llegar a la planta baja, salga al patio o a la calle. Luego pida ayuda a un empleado del hotel.

_____

_____

_____

4 **Lo opuesto** Change each command to express the opposite sentiment.

> **modelo**
> Recéteselo a mi hija.
> **No se lo recete a mi hija.**

1. Siéntense en la cama. No se sienten en la cama.

2. No lo limpie ahora. Límpielo ahora.

3. Lávenmelas mañana. No me las laven mañana.

4. No nos los sirvan. Sírvanoslos.

5. Sacúdalas antes de ponerlas. No las sacuda antes de ponerlas.

6. No se las busquen. Búsquenselas.

7. Despiértenlo a las ocho. No lo despierten a las ocho.

8. Cámbiesela por otra. No se la cambie por otra.

9. Pídanselos a Martín. No se los pidan a Martín.

10. No se lo digan hoy. Díganselo hoy.

Lección 6

Audio Activities

5 Identificar You will hear some sentences. If the verb is a formal command, circle **Sí**. If the verb is not a command, circle **No**.

> modelo
>
> *You hear:* Saque la basura.
> *You circle:* **Sí** because **saque** is a formal command.

1. Sí (No)
2. (Sí) No
3. (Sí) No
4. Sí (No)
5. (Sí) No

6. (Sí) No
7. Sí (No)
8. Sí (No)
9. Sí (No)
10. (Sí) No

6 Cambiar A physician is giving a patient advice. Change each sentence you hear from an indirect command to a formal command. Repeat the correct answer after the speaker. (*6 items*)

> modelo
>
> Usted tiene que dormir ocho horas cada noche.
> *Duerma ocho horas cada noche.*

7 Preguntas Answer each question you hear in the affirmative using a formal command and a direct object pronoun. Repeat the correct response after the speaker. (*8 items*)

> modelo
>
> ¿Cerramos las ventanas?
> *Sí, ciérrenlas.*

8 Más preguntas Answer each question you hear using a formal command and the cue. Repeat the correct response after the speaker.

> modelo
>
> *You hear:* ¿Debo llamar al señor Rodríguez?
> *You see:* no / ahora
> *You say:* No, no lo llame ahora.

1. no
2. a las cinco
3. sí / aquí

4. no
5. el primer día del mes
6. que estamos ocupados

9 ¿Cómo llegar? Julia is going to explain how to get to her home. Listen to her instructions, then number the instructions in the correct order. Two items will not be used.

_____2_____ a. entrar al edificio que está al lado del Banco Popular

_____ b. tomar el ascensor al cuarto piso

_____5_____ c. buscar las llaves debajo de la alfombra

_____ d. ir detrás del edificio

_____1_____ e. bajarse del metro en la estación Santa Rosa

_____3_____ f. subir las escaleras al tercer piso

_____4_____ g. caminar hasta el final del pasillo

ESTUDIANTE 1

Investigación Tu compañero/a y tú son detectives de la policía. Túrnense (*take turns*) para pedir al señor Medina, su asistente, que reúna (*collect*) la evidencia para el caso que quieren resolver. Tú empiezas.

> **modelo**
>
> no olvidar la cámara de la oficina
> *No olvide la cámara de la oficina.*

1. en el jardín, sacar la llave de la mesita / abrir la puerta de la cocina
3. ir al balcón / traer la almohada
5. bajar a la sala / no limpiar la cafetera / ponerla en una bolsa
7. apagar la luz / salir al jardín / cerrar la puerta

Escribe los lugares que visitó el señor Medina en el orden correcto.

_____

_____

_____

_____

_____

_____

_____

Lección 6

Communication Activities

10 ESTUDIANTE 2

Investigación Tu compañero/a y tú son detectives de la policía. Túrnense (*take turns*) para pedir al señor Medina, su asistente, que reúna (*collect*) la evidencia para el caso que quieren resolver. Tu compañero/a empieza.

> **modelo**
>
> no olvidar la cámara de la oficina
> *No olvide la cámara de la oficina.*

2. subir al dormitorio / sentarse en el sillón / tomar una foto / pasar la aspiradora
4. entrar a la oficina / buscar una taza en el estante
6. ir a la cocina / tomar el libro
8. poner la llave en la mesita / llevar todas las cosas al carro

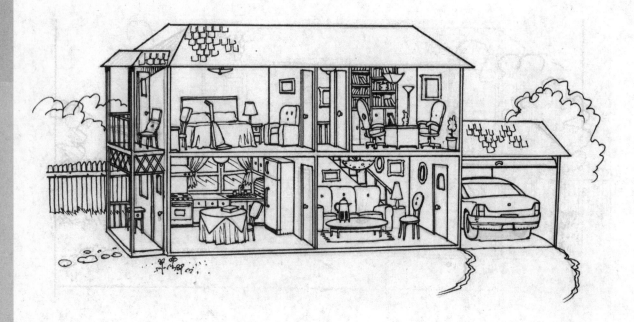

Escribe los lugares que visitó el señor Medina en el orden correcto.

_____

_____

_____

_____

_____

_____

_____

Lección 6

Communication Activities

6.3 The present subjunctive

1 **Oraciones** Complete the sentences with the present subjunctive of the verb in parentheses.

1. Es bueno que ustedes _____coman_____ (comer) frutas, verduras y yogures.

2. Es importante que Laura y yo _____estudiemos_____ (estudiar) para el examen de física.

3. Es urgente que el doctor te _____mire_____ (mirar) la rodilla y la pierna.

4. Es malo que los niños no _____lean_____ (leer) mucho de pequeños (*when they are little*).

5. Es mejor que (tú) les _____escribas_____ (escribir) un mensaje antes de llamarlos.

6. Es necesario que (yo) _____pase_____ (pasar) por la casa de Mario por la mañana.

2 **El verbo correcto** Complete the sentences with the present subjunctive of the verbs from the word bank.

almorzar	hacer	oír	poner	traducir	venir
conducir	ofrecer	parecer	sacar	traer	ver

1. Es necesario que (yo) _____venga_____ a casa temprano para ayudar a mi mamá.

2. Es bueno que (nuestro colegio) _____ofrezca_____ muchos cursos avanzados.

3. Es malo que (ellos) _____almuercen_____ justo antes de ir a nadar a la piscina.

4. Es urgente que (Lara) _____traduzca_____ estos documentos legales.

5. Es mejor que (tú) _____conduzcas_____ más lento para evitar (*avoid*) accidentes.

6. Es importante que (ella) no _____ponga_____ la cafetera en la mesa.

7. Es bueno que (tú) _____traigas_____ las fotos para verlas en la fiesta.

8. Es necesario que (él) _____vea_____ la casa antes de comprarla.

9. Es malo que (nosotros) no _____saquemos_____ la basura todas las noches.

10. Es importante que (ustedes) _____hagan_____ los quehaceres domésticos.

3 **Opiniones** Rewrite these sentences using the present subjunctive of the verbs in parentheses.

1. Mi padre dice que es importante que yo (estar) contenta con mi trabajo.
   Mi padre dice que es importante que yo esté contenta con mi trabajo.

2. Rosario cree que es bueno que la gente (irse) de vacaciones más a menudo.
   Rosario cree que es bueno que la gente se vaya de vacaciones más a menudo.

3. Creo que es mejor que Elsa (ser) la encargada del proyecto.
   Creo que es mejor que Elsa sea la encargada del proyecto.

4. Es importante que les (dar) las gracias por el favor que te hicieron.
   Es importante que les des las gracias por el favor que te hicieron.

5. Él piensa que es malo que muchos estudiantes no (saber) otras lenguas.
   Él piensa que es malo que muchos estudiantes no sepan otras lenguas.

6. El director dice que es necesario que (haber) una reunión de la facultad.
   El director dice que es necesario que haya una reunión de la facultad.

4 **Es necesario** Write sentences using the elements provided and the present subjunctive of the verbs.

> **modelo**
> malo / Roberto / no poder / irse de vacaciones
> **Es malo que Roberto no pueda irse de vacaciones.**

1. importante / Nora / pensar / las cosas antes de tomar una decisión

   Es importante que Nora piense las cosas antes de tomar una decisión.

2. necesario / (tú) / entender / la situación de esas personas

   Es necesario que entiendas la situación de esas personas.

3. bueno / Clara / sentirse / cómoda en el apartamento nuevo

   Es bueno que Clara se sienta cómoda en el apartamento nuevo.

4. urgente / mi madre / mostrarme / los papeles que llegaron

   Es urgente que mi madre me muestre los papeles que llegaron.

5. mejor / David / dormir / un poco antes de salir

   Es mejor que David duerma un poco antes de salir.

6. malo / los niños / pedirles / tantos regalos a sus abuelos

   Es malo que los niños les pidan tantos regalos a sus abuelos.

5 **Sí, es bueno** Answer the questions using the words in parentheses and the present subjunctive.

> **modelo**
> ¿Tiene Álex que terminar ese trabajo hoy? (urgente)
> **Sí, es urgente que Álex termine ese trabajo hoy.**

1. ¿Debemos traer el pasaporte al aeropuerto? (necesario)

   Sí, es necesario que traigan el pasaporte al aeropuerto./Sí, es necesario que traigamos el pasaporte al aeropuerto.

2. ¿Tienes que hablar con don Mario? (urgente)

   Sí, es urgente que hable con don Mario.

3. ¿Debe David ir a visitar a su abuela todas las semanas? (bueno)

   Sí, es bueno que David vaya a visitar a su abuela todas las semanas.

4. ¿Puede Mariana llamar a Isabel para darle las gracias? (importante)

   Sí, es importante que Mariana llame a Isabel para darle las gracias.

5. ¿Va Andrés a saber lo que le van a preguntar en el examen? (mejor)

   Sí, es mejor que Andrés sepa lo que le van a preguntar en el examen.

Lección 6

6   **Escoger**   You will hear some sentences with a beep in place of a verb. Decide which verb should complete each sentence and circle it.

> **modelo**
>
> *You hear:* Es urgente que (*beep*) al médico.
> *You see:* vas vayas
> *You circle:* **vayas** because the sentence is **Es urgente que vayas al médico**.

1. tomamos   (tomemos)
2. (conduzcan)   conducen
3. (aprenda)   aprendo
4. arreglas   (arregles)

5. se acuestan   (se acuesten)
6. sabes   (sepas)
7. (almorcemos)   almorzamos
8. (se mude)   se muda

7   **Cambiar**   You are a Spanish instructor, and it's the first day of class. Tell your students what is important for them to do using the cues you hear. (*8 items*)

> **modelo**
>
> hablar español en la clase
> **Es importante que ustedes hablen español en la clase.**

8   **Transformar**   Change each sentence you hear to the subjunctive mood using the expression. Repeat the correct answer after the speaker.

> **modelo**
>
> *You hear:* Pones tu ropa en el armario.
> *You see:* Es necesario.
> *You say:* **Es necesario que pongas tu ropa en el armario.**

1. Es mejor.   4. Es importante.
2. Es urgente.   5. Es bueno.
3. Es malo.   6. Es necesario.

9   **¿Qué pasa aquí?**   Listen to this conversation. Then choose the phrase that best completes each sentence.

1. Esta conversación es entre…
   a. un empleado y una clienta.
   b. un hijo y su madre.
   c. un camarero y la dueña de un restaurante.
2. Es necesario que Mario…
   a. llegue temprano.
   b. se lave las manos.
   c. use la lavadora.
3. Es urgente que Mario…
   a. ponga las mesas.
   b. quite las mesas.
   c. sea listo.

Lección 6 Audio Activities   **177**

6.4 Subjunctive with verbs of will and influence

1 **Preferencias** Complete the sentences with the present subjunctive of the verbs in parentheses.

1. Rosa quiere que tú _____escojas_____ (escoger) el sofá para la sala.

2. La mamá de Susana prefiere que ella _____estudie_____ (estudiar) medicina.

3. Miranda insiste en que Luisa _____sea_____ (ser) la candidata a vicepresidenta.

4. Rita y yo deseamos que nuestros padres _____viajen_____ (viajar) a Panamá.

5. A Eduardo no le importa que nosotros _____salgamos_____ (salir) esta noche.

6. La agente de viajes nos recomienda que _____nos quedemos_____ (quedarnos) en ese hotel.

2 **Compra una casa** Read the following suggestions for buying a house. Then write a note to a friend, repeating the advice and using the present subjunctive of the verbs.

Antes de comprar una casa:
- Se aconseja tener un agente inmobiliario (*real estate*).
- Se sugiere buscar una casa en un barrio seguro (*safe*).
- Se insiste en mirar los baños, la cocina y el sótano.
- Se recomienda comparar precios de varias casas antes de decidir.
- Se aconseja hablar con los vecinos del barrio.

Te aconsejo que tengas un agente inmobiliario. Te sugiero que busques una casa en un barrio seguro. Te insisto en que mires los baños, la cocina y el sótano. Te recomiendo que compares los precios de varias casas antes de decidir. Te aconsejo que hables con los vecinos del barrio.

3 **Instrucciones** Write sentences using the elements provided and the present subjunctive. Replace the indirect objects with indirect object pronouns.

modelo
(a ti) / Simón / sugerir / terminar la tarea luego
Simón te sugiere que termines la tarea luego.

1. (a Daniela) / José / rogar / escribir esa carta de recomendación

José le ruega que escriba esa carta de recomendación.

2. (a ustedes) / (yo) / aconsejar / vivir en las afueras de la ciudad

Les aconsejo que vivan en las afueras de la ciudad.

3. (a ellos) / la directora / prohibir / estacionar frente a la escuela

La directora les prohíbe que estacionen frente a la escuela.

4. (a mí) / (tú) / sugerir / alquilar un apartamento en el barrio

Me sugieres que alquile un apartamento en el barrio.

4 **¿Subjuntivo o infinitivo?** Write sentences using the elements provided. Use the subjunctive of the verbs when required.

1. Marina / querer / yo / traer / la pintura a casa

   Me sugieres que alquile un apartamento en el barrio.

2. Sonia y yo / preferir / buscar / la información en Internet

   Sonia y yo preferimos buscar la información en Internet.

3. el profesor / desear / nosotros / usar / el diccionario

   El profesor desea que nosotros usemos el diccionario.

4. ustedes / necesitar / escribir / una carta al consulado

   Ustedes necesitan escribir una carta al consulado.

5. (yo) / preferir / Manuel / ir / al apartamento por mí

   Prefiero que Manuel vaya al apartamento por mí.

6. Ramón / insistir en / buscar / las alfombras de la casa

   Ramón insiste en buscar las alfombras de la casa.

Síntesis

Imagine that you are going away for the weekend and you are letting some of your friends stay in your house. Write instructions for your houseguests asking them how to take care of the house. Use formal commands, the phrases **es bueno**, **es mejor**, **es importante**, **es necesario**, and **es malo**, and the verbs **aconsejar**, **pedir**, **necesitar**, **prohibir**, **recomendar**, **rogar**, and **sugerir** to describe how to make sure that your house is in perfect shape when you get home. Answers will vary.

_____

_____

_____

_____

_____

_____

_____

_____

_____

5 **Identificar** Listen to each sentence. If you hear a verb in the subjunctive, mark **Sí**. If you don't hear the subjunctive, mark **No**.

1. (Sí) No   4. Sí (No)
2. Sí (No)   5. Sí (No)
3. (Sí) No   6. (Sí) No

6 **Transformar** Some people are discussing what they or their friends want to do. Say that you don't want them to do those things. Repeat the correct response after the speaker. (6 *items*)

> **modelo**
> Esteban quiere invitar a tu hermana a una fiesta.
> No quiero que Esteban invite a mi hermana a una fiesta.

7 **Situaciones** Listen to each situation and make a recommendation using the cues. Repeat the correct response after the speaker.

> **modelo**
> *You hear:* Sacamos una "F" en el examen de química.
> *You see:* estudiar más
> *You say:* Les recomiendo que estudien más.

1. ponerte un suéter   4. no hacerlo
2. quedarse en la cama   5. comprarlas en La Casa Bonita
3. regalarles una tostadora   6. ir a La Cascada

Escritura

Estrategia
Using linking words

You can make your writing sound more sophisticated by using linking words to connect simple sentences or ideas and create more complex sentences. Consider these passages, which illustrate this effect.

Without linking words

En la actualidad el edificio tiene tres pisos. Los planos originales muestran una construcción de un piso con un gran patio en el centro. La restauración del palacio comenzó en el año 1922. Los trabajos fueron realizados por el arquitecto Villanueva-Myers y el pintor Roberto Lewis.

With linking words

En la actualidad el edificio tiene tres pisos pero los planos originales muestran una construcción de un piso con un gran patio en el centro. La restauración del palacio comenzó en el año 1922 y los trabajos fueron realizados por el arquitecto Villanueva-Myers y el pintor Roberto Lewis.

Linking words

cuando	*when*
mientras	*while*
o	*or*
pero	*but*
porque	*because*
pues	*since*
que	*that; who; which*
quien	*who*
sino	*but (rather)*
y	*and*

Tema
Escribir un contrato de arrendamiento

Antes de escribir

1. Imagina que eres el/la administrador(a) (*manager*) de un edificio de apartamentos. Tienes que preparar un contrato de arrendamiento (*lease*) para los nuevos inquilinos (*tenants*). El contrato debe incluir estos detalles.

   ▶ la dirección del apartamento y del/de la adminstrador(a)
   ▶ las fechas del contrato
   ▶ el precio del alquiler y el día que se debe pagar
   ▶ el precio del depósito
   ▶ información y reglas (*rules*) acerca de:
   la basura
   el correo
   los animales domésticos
   el ruido (*noise*)
   los servicios de electricidad y agua
   el uso de electrodomésticos
   ▶ otros aspectos importantes de la vida comunitaria

2. Antes de escribir, usa la información presentada anteriormente para completar el recuadro en la página 164 con oraciones completas. Debes inventar los detalles (el precio, las fechas, etc.). Sigue el modelo.

Lección 6

Writing Activities

Dirección	1. del apartamento *La dirección del apartamento es avenida de las Américas, número 174.* 2. del/de la administrador(a) *La dirección de la administradora es calle de la República, número 32.*
Fechas del contrato	1. día cuando empieza 2. día cuando termina
El alquiler	1. el precio 2. el día en que se debe pagar
El depósito	1. el precio 2. el día en que se debe pagar
Información y reglas	1. la basura 2. el correo 3. los animales domésticos
6. ¿...?	

3. Después de completar el recuadro, mira las oraciones que escribiste. ¿Es posible combinarlas usando palabras de la lista en la página 163? Mira este ejemplo:
   La dirección del apartamento es avenida de las Américas, número 174 y la de la administradora es calle de la República, número 32.

4. Reescribe las oraciones que pudiste combinar.

Escribir

1. Usa las oraciones del recuadro junto con las que combinaste para escribir tu contrato de arrendamiento.

2. Mientras escribes, busca otras oportunidades para usar palabras de la lista para combinar tus oraciones.

3. Usa mandatos formales para indicar las reglas que los inquilinos deben seguir.

Después de escribir

1. Intercambia tu borrador con un(a) compañero/a de clase. Coméntalo y contesta estas preguntas.

   ▶ ¿Incluyó tu compañero/a toda la información del recuadro?

   ▶ ¿Usó él/ella palabras de la lista para combinar sus oraciones?

   ▶ ¿Usó él/ella mandatos formales afirmativos y negativos para indicar las reglas?

   ▶ ¿Qué detalles añadirías (*would you add*)? ¿Cuáles quitarías (*would you delete*)? ¿Qué otros comentarios tienes para tu compañero/a?

2. Revisa tu narración según los comentarios de tu compañero/a.

La casa de Frida

Antes de ver el video

1 **Más vocabulario** Look over these useful words before you watch the video.

Vocabulario útil		
el alma *soul*	contar con *to have; to feature*	el relicario *locket*
la artesanía *crafts*	convertirse en *to become*	el retrato *portrait*
el barro *clay*	la muleta *crutch*	la urna *urn*
la ceniza *ash*	el recorrido *tour*	el vidrio soplado *blown glass*

2 **Emparejar** Match each definition to the appropriate word from the list above.

1. Es un aparato que ayuda a caminar a las personas que no pueden hacerlo por sí solas (*by themselves*). ___las muletas/la muleta.___
2. Es el recipiente (*container*) donde se ponen las cenizas de la persona muerta. ___la urna___
3. Es una pintura de una persona. ___el retrato___
4. tener, poseer ___contar con___
5. camino o itinerario en un museo, en parques, etc. ___el recorrido___
6. Transformarse en algo distinto de lo que era antes. ___convertirse en___

3 **¡En español!** Look at the video still. Imagine what Carlos will say about **La casa de Frida,** and write a two- or three-sentence introduction to this episode. Answers will vary.

Carlos López, México

¡Bienvenidos a otro episodio de *Flash cultura*! Soy Carlos López

desde… _____

_____

_____

_____

Mientras ves el video

4 **¿Dónde están?** Identify where these items are located in Frida's museum.

¿Dónde están?	La cocina	La habitación
1. barro verde de Oaxaca	✔	
2. la urna con sus cenizas		✔
3. los aparatos ortopédicos		✔
4. vidrio soplado	✔	
5. la cama original		✔
6. artesanía de Metepec	✔	

Lección 6 Flash cultura Video Activities

Lección 6

Video Activities: *Flash cultura*

5   **Impresiones** Listen to what these people say, and match the captions to the appropriate person.

1. _c_

2. _b_

3. _e_

4. _d_

a. Me encanta que todavía (*still*) tienen todas
    las cosas de Frida en su lugar…

c. A mí lo que más me gusta es la cocina
    y los jardines.

e. … para mí fueron unas buenas personas…

b. … tenemos la gran bendición (*blessing*)
    de que contamos con un jardinero que…
    trabajó (*worked*) para ellos.

d. El espacio más impresionante de esta casa
    es la habitación de Frida.

Después de ver el video

6   **Ordenar** Put Carlos' actions in the correct order.

  __5__ a. Habló con distintas personas sobre el museo y sus impresiones.

  __1__ b. Caminó por las calles de Coyoacán.

  __6__ c. Pasó por el estudio y terminó el recorrido en la habitación de Frida.

  __3__ d. Mostró el cuadro *Viva la vida* y otras pinturas de Frida.

  __4__ e. Recorrió la cocina.

  __2__ f. Llegó al Museo casa de Frida Kahlo.

7   **¿Qué te gusta más?** Choose an aspect of Frida's house and describe it. Is it similar to or different
from your own house? What do you find interesting about it? Answers will vary.

_____

_____

_____

_____

_____

_____

_____

_____

Panorama

Panamá

1   Datos panameños Complete the sentences with the correct information.

1. _____ Rubén Blades _____ es un músico y político célebre de Panamá.

2. Una de las principales fuentes de ingresos de Panamá es _____ el Canal de Panamá _____.

3. Las _____ molas _____ son una forma de arte textil de la tribu indígena kuna.

4. Algunos diseños de las molas se inspiran en las formas del _____ coral _____.

2   Relativamente Rewrite each pair of sentences as one sentence. Use relative pronouns to combine the sentences.

> **modelo**
> La Ciudad de Panamá es la capital de Panamá. Tiene más de un millón de habitantes.
> **La Ciudad de Panamá, que tiene más de un millón de habitantes, es la capital de Panamá.**

1. La moneda de Panamá es equivalente al dólar estadounidense. Se llama el balboa.

   La moneda de Panamá, que se llama el balboa, es equivalente al dólar estadounidense.

2. El Canal de Panamá se empezó a construir en 1903. Éste une los océanos Atlántico y Pacífico.

   El Canal de Panamá, que une los océanos Atlántico y Pacífico, se empezó a construir en 1903.

3. La tribu indígena de los kuna vive principalmente en las islas San Blas. Ellos hacen molas.

   La tribu indígena de los kuna, que hace molas, vive principalmente en las islas San Blas.

4. Panamá es un sitio excelente para el buceo. Panamá significa "lugar de muchos peces".

   Panamá, que significa "lugar de muchos peces", es un sitio excelente para el buceo.

3   Geografía panameña Fill in the blanks with the correct geographical name.

1. la capital de Panamá la Ciudad de Panamá

2. ciudades principales de Panamá la Ciudad de Panamá, Colón y David

3. países que limitan (*border*) con Panamá Costa Rica y Colombia

4. mar al norte (*north*) de Panamá el mar Caribe

5. océano al sur (*south*) de Panamá el océano Pacífico

6. por donde pasan más de 14.000 buques por año el Canal de Panamá

7. en donde vive la tribu indígena de los kuna las islas San Blas

8. parque donde se protege la fauna marina Parque Nacional Marino Isla Bastimentos

Lección 6 Panorama Activities   **185**

Lección 6

4 **Viaje a Panamá** Complete the phrases with the correct information. Then write a paragraph of a tourist brochure about Panama. Use formal commands in the paragraph. The first sentence is done for you.

1. viajar en avión a la _____Ciudad de Panamá_____, capital de Panamá

2. visitar el país centroamericano, donde circulan los billetes de ____dólar estadounidense____

3. conocer a los panameños; la lengua natal del 14% de ellos es _____el inglés_____

4. ir al Canal de Panamá, que une los océanos _____Atlántico_____ y _____Pacífico_____

5. ver las _____molas_____ que hace la tribu indígena kuna y decorar la casa con ellas

6. bucear en las playas de gran valor _____ecológico_____ por la riqueza y diversidad de su vida marina

Viaje en avión a la Ciudad de Panamá, capital de Panamá. Visite el país centroamericano, donde circulan los billetes de dólar estadounidense. Conozca a los panameños; la lengua natal del 14% de ellos es el inglés. Vaya al Canal de Panamá, que une los océanos Atlántico y Pacífico. Vea las molas que hace la tribu indígena kuna y decore la casa con ellas. Bucee en las playas de gran valor ecológico por la riqueza y diversidad de su vida marina.

_____

_____

_____

_____

_____

5 **¿Cierto o falso?** Indicate whether the statements are **cierto** or **falso**. Correct the false statements.

1. Panamá tiene aproximadamente el tamaño de California.

Falso. Panamá tiene aproximadamente el tamaño de Carolina del Sur.

2. La moneda panameña, que se llama el balboa, es equivalente al dólar estadounidense.

Cierto.

3. La lengua natal de todos los panameños es el inglés.

Falso. La lengua natal del 14% de los panameños es el inglés.

4. El Canal de Panamá une los océanos Pacífico y Atlántico.

Cierto.

5. Las molas tradicionales siempre se usaron para decorar las casas.

Falso. Las molas tradicionales antes sólo se usaban como ropa, pero hoy día también se usan para decorar las casas.

Panorama: Panamá

Antes de ver el video

1 **Más vocabulario** Look over these useful words before you watch the video.

Vocabulario útil		
anualmente *annually*	impresionante *incredible*	según *according to*
arrecife *reef*	lado *side*	sitio *site*
disfrutar *to enjoy*	peces *fish*	torneo *tournament*
especies *species*	precioso *beautiful*	

2 **Responder** This video talks about the best places to dive and surf in Panama. In preparation for watching this video, answer these questions about surfing. Answers will vary.

1. ¿Te gusta el *surf*? ¿Por qué?

_____

_____

2. ¿Practicas este deporte? ¿Conoces a alguien que lo practique? ¿Dónde lo practica(s)?

_____

_____

_____

Mientras ves el video

3 **Ordenar** Number the items in the order in which they appear in the video.

a. __1__

b. __3__

c. __2__

Video Activities: *Panorama cultural*   Lección 6

Después de ver el video

4   **Emparejar** Match each sentence beginning in the first column with its ending in the second column.

1. La isla Contadora es la más grande __b__

2. Allí siempre hace calor, __d__

3. En Panamá, los visitantes pueden bucear en el océano Pacífico por la mañana __f__

4. Las islas de San Blas son 365, __e__

5. En Santa Catarina los deportistas disfrutan de __c__

a. por la noche.

b. del archipiélago.

c. la playa blanca y el agua color turquesa.

d. por eso se puede bucear en todas las estaciones.

e. una para cada día del año.

f. y en el mar Caribe por la tarde.

5   **Responder** Answer the questions in Spanish. Use complete sentences.   Answers may vary. Suggested answers:

1. ¿Qué país centroamericano tiene archipiélagos en el océano Pacífico y en el mar Caribe?

   Panamá tiene archipiélagos en el océano Pacífico y en el mar Caribe.

   _____

2. ¿Por qué Las Perlas es un buen lugar para bucear?

   Las Perlas es un buen lugar para bucear porque allí hay miles de especies tropicales de peces y muchos arrecifes

   de corales, y siempre hace mucho calor.

3. ¿Cómo llegan los turistas a la isla Contadora?

   Los turistas llegan a la isla Contadora por barco o por avión.

   _____

4. ¿Cómo se llaman los indígenas que viven en las islas San Blas?

   Los indígenas kuna viven en las islas San Blas.

   _____

5. ¿Adónde van los mejores deportistas de *surfing* del mundo?

   Los mejores deportistas de *surfing* del mundo van a Santa Catarina.

   _____

6   **Pasatiempos** Complete this chart in Spanish.   Answers will vary.

Mis deportes/ pasatiempos favoritos	Por qué me gustan	Dónde/cuándo los practico

Repaso

1 **¿Cuánto tiempo hace?** Complete the answers with **por** or **para**. Then write questions that correspond to the answers.

1. _____¿Cuánto tiempo hace que trabajas para tu padre en la tienda?_____

Hace cuatro años que trabajo _____ para _____ mi padre en la tienda.

2. _____¿Cuánto tiempo hace que pasaron por la casa de Javier y Olga?_____

Pasamos _____ por _____ la casa de Javier y Olga hace dos horas.

3. _____¿Cuánto tiempo hace que compraste una blusa para tu hermana?_____

Hace tres meses que compré una blusa _____ para _____ mi hermana.

4. _____¿Cuánto tiempo hace que Ana estudia italiano por Internet?_____

Hace dos años que Ana estudia italiano _____ por _____ Internet.

2 **¿Pretérito o imperfecto?** Complete the sentences with the preterite or imperfect of the verbs in parentheses as appropriate.

1. De niña, Lina siempre _____ usaba _____ (usar) la ropa de sus primas.

2. El año pasado, Ricardo _____ viajó _____ (viajar) a Costa Rica durante las Navidades.

3. Cuando Gloria lo _____ llamó _____ (llamar) a su casa, él _____ dormía _____ (dormir) tranquilamente.

4. Mientras los niños _____ jugaban _____ (jugar) en el parque, los padres _____ hablaban _____ (hablar).

5. Yo _____ veía _____ (ver) la televisión en casa cuando Carolina _____ vino _____ (venir) a verme.

6. Mientras Lola _____ saludaba _____ (saludar) a sus amigos, Rita _____ estacionó _____ (estacionar) el coche.

3 **Hágalo ahora** Write sentences using the words provided. Use formal or informal commands according to the subjects indicated.

1. (tú) / ayudarlos a traer las compras Ayúdalos a traer las compras.

2. (Uds.) / practicar el francés Practiquen el francés.

3. (tú) / buscarme un reproductor de MP3 bueno Búscame un reproductor de MP3 bueno.

4. (Ud.) / decirle lo que desea Dígale lo que desea.

5. (Uds.) / no ser malas personas No sean malas personas.

6. (Ud.) / salir antes de las cinco Salga antes de las cinco.

7. (tú) / comer frutas y verduras Come frutas y verduras.

8. (Ud.) / parar en la esquina Pare en la esquina.

Lecciones 4–6

4 **El subjuntivo** Rewrite the sentences using the words in parentheses. Use the subjunctive of the verbs.

> **modelo**
>
> Ellos tienen muchos problemas. (ser malo)
> **Es malo que ellos tengan muchos problemas.**

1. El apartamento tiene dos baños. (Rita / preferir)

   Rita prefiere que el apartamento tenga dos baños. _____

2. Las mujeres ven al doctor todos los años. (ser importante)

   Es importante que las mujeres vean al doctor todos los años. _____

3. Los pacientes hacen ejercicio. (la enfermera / sugerir)

   La enfermera sugiere que los pacientes hagan ejercicio. _____

5 **Los países** Complete the sentences with the verbs in the word bank and the pronoun **se**.

conocer	escuchar	hablar	ofrecer
empezar	establecer	hacer	ver

1. En los parques nacionales costarricenses _____ se ven _____ muchas plantas y animales.

2. El café costarricense _____ se empieza/empezó _____ a exportar en el siglo XIX.

3. En Costa Rica _____ se ofrece _____ educación gratuita a todos los ciudadanos.

4. La ciudad de Buenos Aires _____ se conoce _____ como el "París de Suramérica".

5. Después del año 1880, una gran cantidad de inmigrantes _____ se establece/estableció _____ en Argentina.

6. Hoy día el tango argentino _____ se escucha _____ en todo el mundo.

7. En Panamá _____ se hablan _____ español, lenguas indígenas e inglés.

8. Las molas panameñas _____ se hacen _____ con fragmentos de tela de colores vivos.

6 **La vida de ayer y hoy** Describe what people's lives were like in the early 1800s and what they are like now. Mention the things that people used to do and the things they do now (you may want to use adverbs like **siempre, nunca,** and **a veces**). Then mention the things that people should do to ensure a better quality of life in the future (you may want to use phrases like **es importante que...** and **es necesario que...**). Answers will vary.

_____

_____

_____

_____

_____

_____

Photography and Art Credits
All images © Vista Higher Learning unless otherwise noted.

Workbook
92: (l) Lauren Krolick; (r) Lars Rosen Gunnilstram; **96:** Corbis RF; 156: (all) Ali Burafi.